本书为北京市习近平新时代中国特色社会主义思想研究中心重点项目"新时代建设长期执政的马克思主义政党的理论与实践研究"研究成果，项目批准号：22LLZZB017；

本书为"2021年度北京工业大学本科教材建设立项'马克思主义经典著作导读'"研究成果，项目编码：KT2021NE025

超越乌托邦
——《社会主义从空想到科学的发展》义释

刘 伟 张金亮 | 著

中国出版集团有限公司
研究出版社

图书在版编目(CIP)数据

超越乌托邦：《社会主义从空想到科学的发展》义释 / 刘伟, 张金亮著. -- 北京：研究出版社, 2023.7
ISBN 978-7-5199-1443-1

Ⅰ.①超… Ⅱ.①刘…②张… Ⅲ.①《社会主义从空想到科学的发展》- 恩格斯著作研究 Ⅳ.①A811.24

中国国家版本馆CIP数据核字(2023)第111742号

出 品 人：赵卜慧
出版统筹：丁　波
责任编辑：寇颖丹
助理编辑：何雨格

超越乌托邦
CHAOYUE WUTUOBANG
——《社会主义从空想到科学的发展》义释

刘　伟　张金亮　著

研究出版社 出版发行

（100006　北京市东城区灯市口大街100号华腾商务楼）
北京中科印刷有限公司印刷　新华书店经销
2023年7月第1版　2023年7月第1次印刷
开本：710毫米×1000毫米　1/16　印张：12
字数：143千字
ISBN 978-7-5199-1443-1　定价：58.00元
电话：（010）64217619　64217652（发行部）

版权所有·侵权必究
凡购买本社图书，如有印制质量问题，我社负责调换。

总　序

习近平总书记在纪念马克思诞辰200周年大会上的重要讲话中指出："共产党人要把读马克思主义经典、悟马克思主义原理当作一种生活习惯、当作一种精神追求，用经典涵养正气、淬炼思想、升华境界、指导实践。"马克思主义经典著作集中体现了马克思主义的基本原理，是马克思主义理论的本源和基础。因此，对于每一个中国共产党人而言，马克思主义经典著作的学习和研读，既是必要的，也是必需的，因为它是"掌握群众"从而使"思想力量"转化为"物质力量"的重要途径。

马克思主义经典著作包含着经典作家所汲取的人类探索真理的丰富思想成果，体现着经典作家攀登科学理论高峰的矢志追求和艰辛历程。对马克思主义经典著作的学习是中国共产党人的看家本领，每一个党员同志都要在上面下一番真功夫。如果一个共产党人不认真"读原著、学原文"，就无法"悟原理"，其政治站位和共产主义信仰也就必定是值得怀疑的。我们在马克思主义学院工作和学习，马克思主义理论是我们的专业，共产主义是我们的信仰，我们更要坐下来、沉下心、钻进去，原原本本地学、全面系统地学、深入思考地学、联系实际地学、逐字逐句地学。

经典之所以为经典，是因为它历经了时间和实践的双重考验，它博大精深，历久弥新，常读常新。但是，经典著作的思想奥义又往往会让很多人望而却步，因为它的语言经常是诘屈聱牙的，思想经常是晦涩难懂的，逻辑经常是复杂抽象的。同时，经典著作经常蕴含着巨大丰厚的历史感，经典作家的思想脉络总是与当时的社会实践和历史发展之间保持着一定的张力。因此，如果不深入下去，了解其写作的历史背景、解决的思想困惑和面临的实践难题，就不可能正确深入地理解它。比如，马克思恩格斯批判黑格尔、费尔巴哈、鲍威尔、施蒂纳和西斯蒙第等，但是，我们首先得弄懂他们所批判的对象所处的历史语境和思想观点，否则，我们就会闭门造车，研究了半天，很可能后知后觉地发现，我们只是在自说自话，可能连经典作家所批判的对象的思想高度都没有达到。

习近平总书记在庆祝中国共产党成立100周年大会上的重要讲话中指出："中国共产党为什么能，中国特色社会主义为什么好，归根到底是因为马克思主义行！"深化经典著作的研究与阐释，推进经典著作的宣传与普及，我们作为马克思主义理论工作者责无旁贷，义不容辞。本套"马克思恩格斯经典义释丛书"，将先后分批对马克思恩格斯的经典著作（《路德维希·费尔巴哈和德国古典哲学的终结》《共产党宣言》《哥达纲领批判》《社会主义从空想到科学的发展》等）逐段进行义释和解读，将短句读长，将长句读短，将薄的书读厚，将厚的书读薄。具体而言，将薄的书读厚，是一个探根求源、学深悟透和寻根究底的过程，是一个"钻进去"的过程。而将厚的书读薄，则是一个提炼蒸馏、淬炼升华和抓住根本的过程，是一个"走出来"的过程。我们写作本套丛书的初衷是，先将书读"厚"，再将书读"薄"，在这个"一进一出""一厚一薄"的辩证过程中,深化对马克思主义理论的理解,筑牢马克思主义理论的功底,领悟马克思主义理论的魅力。在扎实彻底的理论基础之上,以更宽广的视野、更长远的眼光、更奋发的姿态,回答中国特色社会主义实践探索中提出的新问题和时代发展中面临的新课题。

奋进新征程,建功新时代,衷心希望中国共产党人继续矢志不渝地践行初心,担当使命,牢记嘱托,不负党和人民的殷切期望,赓续谱写彪炳史册的壮丽新篇章!

刘 伟

目 录

成书背景……………………………………………………… 001

"第一章"义释………………………………………………… 005

"第二章"义释………………………………………………… 047

"第三章"义释………………………………………………… 091

附　　录……………………………………………………… 135

附录（一）马克思写的1880年法文版前言………………… 137

附录（二）1882年德文第一版序言………………………… 140

附录（三）1891年德文第四版序言………………………… 143

附录（四）1892年英文版导言……………………………… 145

附录（五）弗里德里希·恩格斯…………………………… 171

成书背景

19世纪70年代，小资产阶级社会主义者、柏林大学讲师欧根·杜林，以社会主义行家和改革家自居，并在德国社会民主党内贩卖各种机会主义和反马克思主义的思想。为驳斥和清算杜林的各种错误观点，捍卫科学社会主义理论，推动德国工人运动和整个共产主义运动的发展，恩格斯用两年时间（1876—1878年）创作了《反杜林论》（全名《欧根·杜林先生在科学中实行的变革》）。这本书共分为三个部分，即哲学、政治经济学和科学社会主义。在《反杜林论》出版之后的第二年，在马克思的二女婿、法国工人党的创始人保尔·拉法格的请求下，恩格斯将《反杜林论》中引论的第一章和第三编的第一章、第二章改编合成一本小册子，并增加了若干详细的说明。拉法格将这本小册子译为法文，经恩格斯本人校阅修改后，以《空想社会主义和科学社会主义》为题，于1880年发表在由贝·马隆所创办的法国共和社会主义刊物《社会主义评论》的第3—5期上。1880年5月底，这本小册子又以单行本形式在法国巴黎出版。1883年出版德文版时，这本小册子改名为《社会主义从空想到科学的发展》。

《社会主义从空想到科学的发展》是一部系统阐述科学社会主义理论的著作。马克思指出，这本小册子摘录了《反杜林论》理论部分中最重要的部分。《社会主义从空想到科学的发展》的逻辑清晰、结构严谨、论证有力，正文共分为三章，恩格斯并没有为每章拟定标题。第一章，主要详细分析了以圣西门、傅立叶和欧文为代表的三大空想社会主义者的历史功绩和理论不足，阐明了三大空想社会主义是科学社会主义的直接理论来源。第二章，主要阐释了辩证唯物主义哲学的发展历程，以及唯物史观和剩余价值学说。第三章，主要是运用历史唯物主义和剩余价值学说，分析了"两个必然"，即资本主义必然灭亡和社会主义必然胜利。同时，预测性地描绘了未来社会的基本经济特征，阐述了无产阶级的历史使命。此外，这部著作还包括一篇前言、两篇序言和一篇导言，分别是马克思于1880年写的法文版前言，恩格斯于1882年写的德文第一版序言，1891年德文第四版序言和1892年英文版导言。从篇幅上来看，1892年英文版导言要相对长一些。

《社会主义从空想到科学的发展》在马克思主义发展史上具有非常重要的地位。"思想的闪电一旦彻底击中这块素朴的人民园地，德国人就会解放成为人。"[①]该书的出版，在欧洲社会主义者中间获得了巨大成功，极大促进了马克思主义理论的广泛传播，推动了工人运动的巨大发展。印行短短十年，该书就被译为意大利文、俄文、丹麦文、西班牙文和荷兰文等十多种文字，译文版本数量之多甚至超越了《共产党宣言》和《资本论》，成为当时传播最广、影响最大的科学社会主义著作。在1880年的法文版前言中，马克思高度评价了《社会主义从空想到科学的发展》，称这部著作是"科学社会主义的入门"[②]。革命导师列宁则称这部著作同《共产党宣言》一样，是"概述社会主义发展史的书，科学社会主义的基本经典著作"，是"每个觉悟工人必读的书籍"。毛泽东在中共七大和七届二中全会上，更是将《社会主义从空想到科学的发展》列为"干部必读"书目之一。1912年，《社会主义从空想到科学的发展》由施仁荣翻译成中文，在中国社会党绍兴支部出版的《新世界》半月刊上首次连载发表，当时被译为《理想社会主义与实行社会主义》。这也是我国最早译载的恩格斯的著作。

---

① 《马克思恩格斯文集》（第1卷），人民出版社2009年版，第17—18页。
② 《马克思恩格斯文集》（第3卷），人民出版社2009年版，第489页。

"第一章"义释[*]

---

[*] 本书义释所参照的《社会主义从空想到科学的发展》版本选自《马克思恩格斯文集》人民出版社2009年版。

> 现代社会主义，就其内容来说，首先是对现代社会中普遍存在的有财产者和无财产者之间、资本家和雇佣工人之间的阶级对立以及生产中普遍存在的无政府状态这两个方面进行考察的结果。但是，就其理论形式来说，它起初表现为18世纪法国伟大的启蒙学者们所提出的各种原则的进一步的、据称是更彻底的发展。同任何新的学说一样，它必须首先从已有的思想材料出发，虽然它的根子深深扎在物质的经济的事实中。

【义释】现代社会主义的出现并不是偶然的，它是在生产力发展的基础上，从资本主义的阶级对立和生产的无政府状态导致的经济危机中分析出来的。同时，18世纪法国资产阶级的启蒙思想，也为现代社会主义的创立提供了丰富的思想材料。

启蒙运动最早诞生于英国，其核心是自由主义，主要代表人物有霍布斯、洛克等。启蒙运动在英国比较温和，在社会上的影响力并不是很大。与英国相比，法国的启蒙运动要更为激烈，影响也更加深远。法国逐渐成为欧洲启蒙运动的中心。18世纪的法国启蒙运动大体经历了两个阶段：第一阶段是18世纪初的反封建启蒙运动，主要代表人物有孟德斯鸠、伏尔泰等。他们讴歌理性，以理性对抗神性，以人道对抗神道，以人权反对王权，以民主反对专制，主张建立资产阶级共和国。第二阶段是18世纪中期到法国大革命前期的"百科全书派"，主要代表人物有狄德罗、霍尔巴赫、爱尔维修和拉美特利等。他们提出彻底的无神论思想，肯定物质世界的存在。正是基于18世纪法国启蒙运动在世界上的影响力,恩格斯指出:"18世纪主要是法国人的世纪。"

19世纪初的社会主义者也受到了启蒙思想的影响。因此,恩格斯在这里指出,现代社会主义,"就其理论形式来说,它起初表现为18世纪法国伟大的启蒙学者们所提出的各种原则的进一步的、据称是更彻底的发展"。①现代社会主义来源于资产阶级的思想解放运动,它与资本主义生产方式相伴而生。资产阶级为无产阶级提供了大量的启蒙进步因素,如平等、自由、博爱,以及代议制、竞争和新闻自由等。这些进步因素既是资产阶级的诉求,也反映了无产阶级的意愿。同时,在进行社会主义革命时,无产阶级可以将这些发展成熟的进步因素当成反对资产阶级的武器。在《共产党宣言》中,马克思也表达了这样的思想,他指出:"共产党一分钟也不忽略教育工人尽可能明确地意识到资产阶级和无产阶级的敌对的对立,以便德国工人能够立刻利用资产阶级统治所必然带来的社会的和政治的条件作为反对资产阶级的武器,以便在推翻德国的反动阶级之后立即开始反对资产阶级本身的斗争。"②

为什么恩格斯在这里表述为"据称是更彻底的发展"?因为空想社会主义者与启蒙学者有某种共同之处,或者说,在某种程度上,他们仍然没有超越启蒙学者的眼界。他们与启蒙学者一样,并不是想首先解放某一个阶级,而是想一下子就解放全人类。他们与启蒙学者一样,想建立理性和永恒正义的王国。

恩格斯在这里所谓的"现代社会主义"究竟指什么?在理论界有几

---

① 《马克思恩格斯文集》(第3卷),人民出版社2009年版,第523页。
② 《马克思恩格斯文集》(第2卷),人民出版社2009年版,第66页。

种不同的理解：第一种观点认为，指的是科学社会主义①；第二种观点认为，指的是空想社会主义；第三种观点认为，指的是19世纪的社会主义学说，既包括空想社会主义，也包括科学社会主义②。

> 在法国为行将到来的革命启发过人们头脑的那些伟大人物，本身都是非常革命的。他们不承认任何外界的权威，不管这种权威是什么样的。宗教、自然观、社会、国家制度，一切都受到了最无情的批判；一切都必须在理性的法庭面前为自己的存在作辩护或者放弃存在的权利。思维着的知性成了衡量一切的唯一尺度。那时，如黑格尔所说的，是世界用头立地的时代。最初，这句话的意思是：人的头脑以及通过头脑的思维发现的原理，要求成为人类的一切活动和社会结合的基础；后来这句话又有了更广泛的含义：同这些原理相矛盾的现实，实际上都被上下颠倒了。以往的一切社会形式和国家形式、一切传统观念，都被当做不合理性的东西扔到垃圾堆里去了；到现在为止，世界所遵循的只是一些成见；过去的一切只值得怜悯和鄙视。只是现在阳光才照射出来，理性的王国才开始出现。从今以后，迷信、非正义、特权和压迫，必将为永恒的真理、永恒的正义、基于自然的平等和不可剥夺的人权所取代。

---

① 如吉林大学的曹毅哲副教授就认为，现代社会主义，即科学社会主义。"现代社会主义"这一概念，是为了与"现代资本主义"相区别。"现代社会主义"在内容上强调"现代社会主义"对资本主义基本矛盾在现代资本主义社会中的表现的认识（曹毅哲：《解读〈社会主义从空想到科学的发展〉》，吉林出版社2014年版）。

② 如中央党校的王巍就认为，"现代社会主义"是指恩格斯生活时代的各种社会主义学说。不仅包括科学社会主义，也包括其他流派的社会主义（王巍：《〈社会主义从空想到科学的发展〉导读》，中共中央党校出版社2018年版，第12页）。

【义释】 18世纪法国的启蒙思想家，如孟德斯鸠、伏尔泰和狄德罗等，掀起了旨在推翻法国封建专制，建立自由、平等、博爱的社会制度的思想解放运动。这些启蒙思想家代表的是法国新兴的资产阶级的利益。他们将"理性"作为批判的武器，作为至高无上的标准。正如康德在《纯粹理性批判》第一版序言中所言："我们的时代是真正的批判时代，一切都必须经受批判。通常，宗教凭借其神圣性，而立法凭借其权威，想要逃脱批判。但这样一来，它们就激起了对自身的正当的怀疑，并无法要求别人不加伪饰的敬重，理性只会把这种敬重给予那经受得住它的自由而公开的检验的事物。"[1]

　　此外，恩格斯还在本段加了一个注，关于法国革命，黑格尔有如下一段话："正义思想、正义概念一下子就得到了承认，非正义的旧支柱不能对它作任何抵抗。因此，在正义思想的基础上现在创立了宪法，今后一切都必须以此为根据。自从太阳照耀在天空而行星围绕着太阳旋转的时候起，还从来没有看到人用头立地，即用思想立地并按照思想去构造现实。阿那克萨哥拉第一个说，NûS即理性支配着世界；可是，直到现在人们才认识到，思想应当支配精神的现实。因此，这是一次壮丽的日出。一切能思维的生物都欢庆这个时代的来临。这时到处笼罩着一种高尚的热情，全世界都浸透了一种精神的热忱，仿佛正是现在达到了神意和人世的和解。"难道现在不正是应当用反社会党人法去反对已故的黑格尔教授的这种危害社会秩序的颠覆学说吗？[2]

---

[1] [德]康德：《三大批判合集》（上），邓晓芒译，人民出版社2009年版，第3页。
[2] 《马克思恩格斯文集》（第3卷），人民出版社2009年版，第504页。

现在我们知道，这个理性的王国不过是资产阶级的理想化的王国；永恒的正义在资产阶级的司法中得到实现；平等归结为法律面前的资产阶级的平等；被宣布为最主要的人权之一的是资产阶级的所有权；而理性的国家、卢梭的社会契约在实践中表现为，而且也只能表现为资产阶级的民主共和国。18世纪伟大的思想家们，也同他们的一切先驱者一样，没有能够超出他们自己的时代使他们受到的限制。

【义释】为什么说"18世纪伟大的思想家们，也同他们的一切先驱者一样，没有能够超出他们自己的时代使他们受到的限制"？因为资产阶级思想家的理性并不是"绝对真理"，并不具有普遍必然性，这个永恒的理性只不过是恰好那时正在发展成为资产者的中等市民的理想化的知性而已。资产阶级的理性的国家，也并不是什么理想化的完美的乌托邦，它在实践中表现为，而且也只能表现为资产阶级的民主共和国。资产阶级所谓的人权、平等、自由、博爱，也并不是什么普世价值观，只是代表统治阶级利益和诉求的资产阶级法权。

但是，除了封建贵族和作为社会所有其余部分的代表出现的资产阶级之间的对立，还存在着剥削者和被剥削者、游手好闲的富人和从事劳动的穷人之间的普遍的对立。正是由于这种情形，资产阶级的代表才能标榜自己不是某一特殊的阶级的代表，而是整个受苦人类的代表。不仅如此，资产阶级从它产生的时候起就背负着自己的对立物：资本家没有雇佣工人就不能存在，随着中世纪的行会师傅发展成为现代的资产者，行会帮工和行会外的短工便相应地发展成为无产者。虽然总的说来，资产阶级在同贵族斗争时有理由认为自己同时代表当时的各个劳动阶级的利益，但是在每一个大的资产阶级运动中，都爆发过作为现代无产阶级的发展程度不同的先驱者的那个阶级的独立运动。例如，德国宗教改革和农民战争时期的再洗礼派和托马斯·闵采尔，英国大革命时期的平等派，法国大革命时期的巴贝夫。

【义释】马克思在《德意志意识形态》中指出："每一个力图取得统治的阶级，即使它的统治要求消灭整个旧的社会形式和一切统治，就像无产阶级那样，都必须首先夺取政权，以便把自己的利益又说成是普遍的利益，而这是它在初期不得不如此做的。"[1]在法国大革命时期，资产阶级也是以全体社会成员代表的面目出场展开与封建专制主义的斗争的。他们将自己的特殊利益标榜为全体人类的利益，将资本主义社会形态说成人类历史上最后一种社会形态。

尽管资本主义社会的发展刚开始起步，甚至还步履蹒跚，但是，资本主义社会已经暴露了它的弊病。因此，资产阶级从它形成的那一天开始，就已经如影随形地产生了它的对立面，即无产阶级。在法国大革命期间，已经爆发了现代无产阶级的先驱者反对资产阶级的独立运动。在这些先驱者中，最典型的就是巴贝夫。

巴贝夫学说的核心是"平等论"。巴贝夫认为，在自然状态下，人

---

[1] 《马克思恩格斯文集》（第1卷），人民出版社2009年版，第536—537页。

类本是平等的，私有制是造成人间不平等的总根源。巴贝夫主张通过密谋暴动的方式（这种革命方式与后来以圣西门、傅立叶和欧文为代表的三大空想社会主义者的革命方式不同）推翻剥削制度，建立革命专政并消灭私有制，最终形成财产公有、共同劳动和平均分配的"平等共和国"。尽管巴贝夫的共产主义体系"相当粗糙和肤浅"，但是马克思仍称许他是第一个"真正能动的共产主义政党"的奠基人，而他的学说是"超出整个旧世界秩序的思想范围的思想"，他的著作是"现代一切大革命中表达过无产阶级要求的文献"①。

> 伴随着一个还没有成熟的阶级的这些革命暴动，产生了相应的理论表现；在16世纪和17世纪有理想社会制度的空想的描写，而在18世纪已经有了直接共产主义的理论（摩莱里和马布利）。平等的要求已经不再限于政治权利方面，它也应当扩大到个人的社会地位方面；不仅应当消灭阶级特权，而且应当消灭阶级差别本身。禁欲主义的、禁绝一切生活享受的、斯巴达式的共产主义，是这种新学说的第一个表现形式。后来出现了三个伟大的空想社会主义者：圣西门、傅立叶和欧文。在圣西门那里，除无产阶级的倾向外，资产阶级的倾向还有一定的影响。欧文在资本主义生产最发达的国家里，在这种生产所造成的种种对立的影响下，直接从法国唯物主义出发，系统地阐述了他的消除阶级差别的方案。

---

① 《马克思恩格斯文集》（第2卷），人民出版社2009年版，第62页。

013

【义释】"不成熟的理论,是同不成熟的资本主义生产状况、不成熟的阶级状况相适应的。"[①]空想社会主义就是这种"不成熟的理论",它产生于资本主义生产状况和阶级状况尚未成熟时期。

空想社会主义从16世纪初期开始,一直持续到19世纪中期结束。它经历了三个大的发展阶段:第一个阶段,是16、17世纪的乌托邦主义,主要代表人物有英国的托马斯·莫尔(代表作为1516年出版的《乌托邦》,这部著作的出版标志着空想社会主义诞生)、意大利的康帕内拉(代表作为1623年出版的《太阳城》)和德国的安德里亚(代表作为《基督城》,这本书是安德里亚受到莫尔的《乌托邦》启发所作),他们对未来理想社会的憧憬主要采用了一种文学化的描述方式。[②]第二个阶段,是17、18世纪的"直接共产主义的理论",主要代表人物有摩莱里(代表作为《巴齐里阿达》和《自然法典》)和马布利(代表作为《论法制或法律的原则》),此外,还有法国大革命时期的巴贝夫(代表作为《永久地籍》,他还创办了《皮卡第通讯》)的空想平均共产主义学说。他们对未来理想社会的描绘大都带有禁欲主义、平均主义的色彩。马克思认为,他们的共产主义是"粗陋的共产主义"。第三个阶段,是19世纪的空想社会主义,主要代表人物有圣西门、傅立叶和欧文。这三大空想社会主义者对资本主义的批判深度和对未来社会的精良设计,都已经远远超过了他们的先辈。他们将空想社会主义的理论水平

[①] 《马克思恩格斯文集》(第3卷),人民出版社2009年版,第528页。
[②] 如托马斯·莫尔的《乌托邦》就不是一部学术著作。在这本书中,莫尔主要借一位旅人希斯拉德之口,讲述他周游列国之所见。因此,更应该称其为一部小说,或者旅行札记。此外,《乌托邦》《太阳城》和《基督城》被并称为早期乌托邦主义三部曲。

提高到了前所未有的高度。[1]恩格斯说：科学社会主义永远不会忘记，"它是依靠圣西门、傅立叶和欧文这三位思想家而确立起来的。虽然这三位思想家的学说含有十分虚幻和空想的性质，但他们终究是属于一切时代最伟大的智士之列的，他们天才地预示了我们现在已经科学地证明了其正确性的无数真理"[2]。

在《共产党宣言》中，马克思恩格斯指出："无产阶级在普遍激动的时代、在推翻封建社会的时期直接实现自己阶级利益的最初尝试，都不可避免地遭到了失败，这是由于当时无产阶级本身还不够发展，由于无产阶级解放的物质条件还没有具备，这些条件只是资产阶级时代的产物。随着这些早期的无产阶级运动而出现的革命文献，就其内容来说必然是反动的。这种文献倡导普遍的禁欲主义和粗陋的平均主义。"[3]在马克思恩格斯看来，早期的共产主义运动之所以必然走向失败，原因有二：第一，无产阶级进行社会主义革命的物质条件还没有发展成熟；第二，当时无产阶级本身还不够发展，并没有上升为阶级，无产阶级的阶级意识也没有觉醒。

"革命需要被动因素，需要物质基础。理论在一个国家实现的程度，总是取决于理论满足这个国家的需要的程度。"[4]革命并不只是凭着一腔热血、一时冲动，革命还需要被动因素，即物质生产力。在物质生产力还没有充分发展的前提下，在资产阶级还没有站稳脚跟的情况

---

[1] 圣西门、傅立叶和欧文被并称为三大空想社会主义者，这种称谓是从布朗基开始的。1839年，布朗基写了一部名为《欧洲经济学说史》的著作。在这部著作中，他第一次将"乌托邦"一词同"社会主义"联系起来，把他们并称为"三个乌托邦社会主义者"。与后来马克思恩格斯对他们三个人的积极评价不同，布朗基主要是从贬义的角度来评价他们的。
[2] 《马克思恩格斯全集》（第18卷），人民出版社1964年版，第566页。
[3] 《马克思恩格斯文集》（第2卷），人民出版社2009年版，第62页。
[4] 《马克思恩格斯文集》（第1卷），人民出版社2009年版，第12页。

下，无产阶级与资产阶级之间的矛盾还没有上升为主要矛盾，他们之间的斗争还没有被激化，尽管这时也零星地出现了共产主义的诉求，但无论就哪方面来讲，这些革命都还是不成熟的。因此，这种共产主义必然带有原始的、粗陋的、肤浅的和平均主义的特征。同时，也注定了其最终必然会走向失败。

为什么恩格斯说，禁欲主义的、禁绝一切生活享受的、斯巴达式的共产主义，是这种新学说的第一个表现形式？因为正如前面所言，当时的生产力水平并不高，物质财富也比较匮乏。在这样的基础上建设社会主义，就好比在中世纪投资建设互联网一样（伊格尔顿语）。人们很容易因为对物质财富的抢夺，而再次导致阶级分化，龌龊的老一套很容易死灰复燃。因此，人们只能采取禁欲主义和粗陋的平均主义的方式。

> 所有这三个人有一个共同点：他们都不是作为当时已经历史地产生的无产阶级的利益的代表出现的。他们和启蒙学者一样，并不是想首先解放某一个阶级，而是想立即解放全人类。他们和启蒙学者一样，想建立理性和永恒正义的王国；但是他们的王国和启蒙学者的王国是有天壤之别的。按照这些启蒙学者的原则建立起来的资产阶级世界也是不合理性的和非正义的，所以也应该像封建制度和一切更早的社会制度一样被抛到垃圾堆里去。真正的理性和正义至今还没有统治世界，这只是因为它们没有被人们正确地认识。所缺少的只是个别的天才人物，现在这种人物已经出现而且已经认识了真理；至于天才人物是在现在出现，真理正是在现在被认识到，这并不是从历史发展的联系中必然产生的、不可避免的事情，而纯粹是一种侥

幸的偶然现象。这种天才人物在500年前也同样可能诞生，这样他就能使人类免去500年的迷误、斗争和痛苦。

【义释】恩格斯认为，三大空想社会主义者和启蒙学者一样，他们不是由现实推出革命，而是由理论推出革命。他们想从理念和道义出发塑造和建设社会主义，想要用某种理想化的王国代替现实的不合理的王国。在启蒙学者那里，那个理想化的王国是资本主义，而在空想社会主义者那里，那个理想化的王国则是虚无缥缈的乌托邦。

针对三大空想社会主义者这种道义上的呐喊，恩格斯有一段非常中肯的评析，他指出："当一种生产方式处在自身发展的上升阶段的时候，甚至在和这种生产方式相适应的分配方式下吃了亏的那些人也会欢迎这种生产方式。""那时即使发出了抗议，也只是从统治阶级自身中发出来（圣西门、傅立叶、欧文），而在被剥削的群众中恰恰得不到任何响应。只有当这种生产方式已经走完自身的没落阶段的颇大一段行程时，当它多半已经过时的时候，当它的存在条件大部分已经消失而它的后继者已经在敲门的时候——只有在这个时候，这种越来越不平等的分配，才被认为是非正义的，只有在这个时候，人们才开始从已经过时的事实出发诉诸所谓永恒正义。这种诉诸道德和法的做法，在科学上丝毫不能把我们推向前进；道义上的愤怒，无论多么入情入理，经济科学总不能把它看做证据，而只能看做象征。相反，经济科学的任务在于：证明现在开始显露出来的社会弊病是现存生产方式的必然结果，同时也是这一生产方式快要瓦解的征兆，并且从正在瓦解的经济运动形式内部发现未来的、能够消除这些弊病的、新的生产组织和交换组织的因素。愤怒出诗人，在描写这些弊病或者抨击那些替统治阶级效劳而否认或美化这些弊病的和谐派的时候，愤怒是适得其所的，可是愤怒在每一个这样的场合下能证明的东西是多么少。"①

在空想社会主义者看来，社会主义不是在物质生产力充分发展的基础上，通过无产阶级的阶级斗争，推翻资产阶级的统治，建立无产阶级政权，确立社会主义生产关系。相反，在他们看来，社会主义是一个绝对真理，是理性和正义的外化。因此，只要探寻到这个绝对真理，它就能用自己的力量征服世界，因为绝对真理是不依赖于时间、空间和人类的历史发展的，所以，它在什么时候出现，在什么地方被发现，都纯粹是偶然的事情。同时，在空想社会主义者看来，由这种天才人物所建构起来的这个理想王国，是一下完成的，一劳永逸的，是没有任何瑕疵的。正如朱熹所言："天不生仲尼，万古如长夜。"假如没有孔仲尼这样的伟大思想家，那么万古就像漫漫长夜一样暗无天日，黯淡无光。孔仲尼就是照亮漫漫长夜的那颗红太阳。但是，孔仲尼这个"绝对真理"的化身究竟在何地出现，在何时出现，这一切都纯属偶然和侥幸。如果我们祖上积德，比较幸运，这样的历史伟人或天才思想家可能会早出现500年，那么我们就可以免去500年的迷误、斗争和痛苦。

在恩格斯看来，社会不是一场观念的交锋，而是物质利益的冲突，不是仅靠头脑中的思辨力量就能战胜对手，问题的解决必然依赖于解决问题的物质力量，依赖于阶级斗争。尽管空想社会主义者也代表了无产阶级的利益，但是他们并没有将社会主义的历史命运同无产阶级的历史主动性联系起来。换句话说，他们没有意识到无产阶级的革命性，也没有意识到无产阶级是资本主义社会的"掘墓人"，更没有意识到无产阶

---

① 《马克思恩格斯文集》（第9卷），人民出版社2009年版，第155—156页。

级代表着历史发展的未来。

我们已经看到，为革命作了准备的18世纪的法国哲学家们，如何求助于理性，把理性当做一切现存事物的唯一的裁判者。他们认为，应当建立理性的国家、理性的社会，应当无情地铲除一切同永恒理性相矛盾的东西。我们也已经看到，这个永恒的理性实际上不过是恰好那时正在发展成为资产者的中等市民的理想化的知性而已。因此，当法国革命把这个理性的社会和这个理性的国家实现了的时候，新制度就表明，不论它较之旧制度如何合理，却决不是绝对合乎理性的。理性的国家完全破产了。卢梭的社会契约在恐怖时代获得了实现，对自己的政治能力丧失了信心的资产阶级，为了摆脱恐怖时代，起初求助于腐败的督政府，最后则托庇于拿破仑的专制统治。早先许诺的永久和平变成了一场无休止的掠夺战争。理性的社会的遭遇也并不更好一些。富有和贫穷的对立并没有化为普遍的幸福，反而由于调和这种对立的行会特权和其他特权的废除，由于缓和这种对立的教会慈善设施的取消而更加尖锐化了；现在已经实现的摆脱封建桎梏的"财产自由"，对小资产者和小农说来，就是把他们的被大资本和大地产的强大竞争所压垮的小财产出卖给这些大财主的自由，于是这种"自由"对小资产者和小农说来就变成了失去财产的自由；工业在资本主义基础上的迅速发展，使劳动群众的贫穷和困苦成了社会的生存条件。现金交易，如卡莱尔所说的，日益成为社会的唯一纽带。犯罪现象一年比一年增多。如果说以前在光天化日之下肆无忌惮地干出来的封建罪恶虽然没有消灭，但终究已经暂时被迫收敛了，那么，以前只是暗中偷着干的资产阶级罪恶却更加猖獗了。商业日益变成欺诈。革命的箴言"博爱"化为竞争中的蓄意刁难和忌妒。贿赂代替了暴力压迫，金钱代替刀剑成了社会权力的第一杠杆。初夜权从封建领主手中转到了资产阶级工厂主的手中。卖淫增加到了前所未闻的程度。婚姻本身和以前一样仍然是法律承认的卖淫的形式，是卖淫的官方的外衣，并且还以大量的通奸作为补充。总之，同启蒙学者的华美诺言比起来，由"理性的胜利"建立起来的社会制度和政治制度竟是一幅令人极度失望的讽刺画。那时只是还缺少指明这种失望的人，而这种人随着新世纪的到来就出现了。1802年出版了圣西门的《日内瓦书信》；1808年出版了傅立叶的第一部著作，虽然他的理论基础在1799年就已经奠定了；1800年1月1日，罗伯特·欧文担负了新拉纳克的管理工作。

【义释】恩格斯从唯物史观的视角，批判了18世纪的启蒙思想家所谓的永恒理性。在恩格斯看来，"永恒的理性实际上不过是恰好那时正在发展成为资产者的中等市民的理想化的知性而已"[1]。

启蒙运动高举理性主义的旗帜，弘扬古典主义、进步主义和客观主义，排斥主观主义、浪漫主义，祛魅神秘主义，它认为世界都是在永恒理性的计算之下建构起来的。在理性的规划建构下，"历史会不断向前和向上发展直至完美状态"[2]。法国大革命以后，资产阶级的政治统

---

[1] 《马克思恩格斯文集》（第3卷），人民出版社2009年版，第505页。
[2] [英]特立·伊格尔顿：《马克思为什么是对的》，李杨等译，重庆出版社2018年版，第77页。

治、资本主义生产方式等逐步确立起来,但由永恒理性自上而下建构起来的那个理想王国,却逐渐走向破产。启蒙学者当初所允诺的那些口号,并没有在全社会范围内得到实现。所谓的"自由",只是资产阶级摆脱一切封建压迫的自由,只是商品流通、剥削雇佣劳动者的自由。但对小资产阶级来讲,所谓的自由,就是他们或早或晚地被大资本家排挤的自由,就是是否会失去财产,倾家荡产,从而沦落到无产阶级队伍中的自由。而对于无产阶级来讲,所谓的自由,就是将自己的劳动力卖给哪个资本家的自由,但并没有选择卖不卖的自由。所谓的"平等",只不过是资产阶级雇佣和剥削劳动者的权利的平等或者资本获利的平等。对于无产阶级,他们毫无平等可言,那些表面上冠冕堂皇的"平等投票"、"平等选举权",都是资产阶级臆造的意识形态。投票箱里只会收到资产阶级的选票。总之,资产阶级所允诺的各种权利,只不过是旨在阶级利益的资产阶级法权,是资产阶级制造出来用于蒙蔽无产阶级的意识形态而已。

　　启蒙学者所倡导的理性,只不过是工具理性。它以资本为纽带,把一切过去不能买卖的东西,都拿到市场上作为商品来交易。如果这种交易在封建社会还是遮遮掩掩、羞羞答答的,还披着一层若隐若现的面纱,那么在资本主义社会,这种交易则更加公开化、更加明目张胆了。用马克思在《共产党宣言》中的话讲就是:"资产阶级在它已经取得了统治的地方把一切封建的、宗法的和田园诗般的关系都破坏了。它无情地斩断了把人们束缚于天然尊长的形形色色的封建羁绊,它使人和人之间除了赤裸裸的利害关系,除了冷酷无情的'现金交易',就再也没有任何别的联系了。它把宗教虔诚、骑士热忱、小市民伤感这些情感的神圣发作,淹没在利己主义打算的冰水之中。它把人的尊严变成了交换价值，用一种没有良心的贸易自由代替了无数特许的和自力挣得的自由。总而言之，它用公开的、无耻的、直接的、露骨的剥削代替了由宗教幻想和政治幻想掩盖着的剥削。""资产阶级撕下了罩在家庭关系上的温情脉脉的面纱，把这种关系变成了纯粹的金钱关系。"①

恩格斯说，"同启蒙学者的华美诺言比起来，由'理性的胜利'建立起来的社会制度和政治制度竟是一幅令人极度失望的讽刺画"②。在这幅讽刺画中，"医生希望自己的同胞患寒热病；律师则希望每个家庭都发生诉讼；建筑师需要一场大火把一个城市的四分之一化为灰烬；安装玻璃的工人希望下一场大冰雹把所有的玻璃打碎；裁缝和鞋匠希望公众用容易褪色的料子作衣服，用坏皮子做鞋子，以便多穿破两套衣服，多穿坏两双鞋子"③。在这幅讽刺画中，资产阶级唯利是图，醉生梦死，不劳而获；工人阶级只是被当作会呼吸的机器来使用，他们劳苦不堪，劳而不获。资产阶级不断地为无产者画大饼，资本主义社会成为资本家攫取利益的狂欢盛宴，而对于底层民众来讲，他们只有勉强维持自己活着的残羹冷炙。启蒙学者许诺的"理性王国"变成了现实中的"悲惨世界"。启蒙运动对理性的过度执着和狂妄，最终耗尽了人们的热情。

> 但是，在这个时候，资本主义生产方式以及随之而来的资产阶级和无产阶级之间的对立还没有得到充分发展。在英国刚刚兴起的大工业，在法国还不为人所知。但是，一方面，只有

---

① 《马克思恩格斯文集》（第2卷），人民出版社2012年版，第33—34页。
② 《马克思恩格斯文集》（第3卷），人民出版社2012年版，第527页。
③ 《傅立叶选集》（第1卷），赵俊欣等译，商务印书馆1979年版，第122页。

大工业才能发展那些使生产方式的变革，使生产方式的资本主义性质的消除成为绝对必要的冲突——不仅是大工业所产生的各个阶级之间的冲突，而且是它所产生的生产力和交换形式本身之间的冲突；另一方面，大工业又正是通过这些巨大的生产力来发展解决这些冲突的手段。因此如果说，在1800年前后，新的社会制度所产生的冲突还只是开始形成，那么，解决这些冲突的手段就更是这样了。虽然巴黎的无财产的群众在恐怖时代曾有一瞬间夺得了统治权，从而能够甚至违背资产阶级的意愿引导资产阶级革命达到胜利，但是他们只是以此证明了，他们的统治在当时的条件下是不可能持久的。在当时刚刚作为新阶级的胚胎从这些无财产的群众中分离出来的无产阶级，还完全无力采取独立的政治行动，它表现为一个无力帮助自己，最多只能从外面、从上面取得帮助的受压迫的受苦的等级。

【义释】空想社会主义形成于19世纪初期。这一时期，法国大革命刚刚胜利不久，英国也开始发展大工业。这一时期，资产阶级已经在政治和经济上站稳脚跟，资本主义社会的各种矛盾已经开始显现。由工人创造的巨大剩余价值大都落到了资产阶级手中，工人生产得越多，自己越贫困。尽管资本主义社会已经暴露出各种矛盾、各种问题，但是这种矛盾还不是很激烈。因此，恩格斯认为，在资本主义生产方式以及随之而来的资产阶级和无产阶级之间的对立还没有得到充分发展的情况下，尽管巴黎无财产的群众已经有推翻资产阶级的革命诉求，而且还曾有一瞬间夺得了统治权，但是，因为革命的"被动因素"，即物质生产力，还没有充分发展，因此，他们也只是做了资产阶级应该做的工作，资产阶级最终成为他们"革命遗嘱"的执行者。这些空想社会主义者看不到无产阶级作为阶级在革命运动中的历史主动性，也认识不到唤醒无产阶级的阶级意识，引导无产阶级进行革命的重要性。因此，尽管他们孕育了很多天才的思想，但是，他们的整个学说仍然只是空想。

> 这种历史情况也决定了社会主义创始人的观点。不成熟的理论，是同不成熟的资本主义生产状况、不成熟的阶级状况相适应的。解决社会问题的办法还隐藏在不发达的经济关系中，所以只有从头脑中产生出来。社会所表现出来的只是弊病，消除这些弊病是思维着的理性的任务。于是，就需要发明一套新的更完善的社会制度，并且通过宣传，可能时通过典型示范，从外面强加于社会。这种新的社会制度是一开始就注定要成为空想的，它越是制定得详尽周密，就越是要陷入纯粹的幻想。

【义释】"一切划时代的体系的真正的内容都是由于产生这些体系的那个时期的需要而形成起来的。所有这些体系都是以本国过去的整个发展为基础的，是以阶级关系的历史形式及其政治的、道德的、哲学的以及其他的后果为基础的。"[①]空想社会主义一个又一个的体系，也是当时社会的需要所孕育产生的。

恩格斯在这一段中，继续从唯物史观的视角进行了阐释，空想社会主义这种不成熟的理论，是同不成熟的资本主义生产状况、不成熟的阶级状况相适应的。在马克思看来，"当时的社会关系，一方面，虽然没

---

① 《马克思恩格斯全集》（第3卷），人民出版社1960年版，第544页。

有发展到能够产生科学社会主义的程度,但另一方面,却已经发展到能够使这些关怀劳苦群众的伟大思想家们猜出这些关系的发展趋向,创造出混合着天才预测和玄虚虚幻想的社会主义学说"①。尽管空想社会主义者在自然观上是唯物的,但他们的历史观却大都是唯心的。他们并没有自觉到社会中暴露出的一切弊病都是因为资本主义的发展造成的,而解决这些弊病的手段依旧蕴含在不发达的资本主义生产关系之中。因此,他们要么采取道德感化、示范典型等方式,要么将全部希望寄托于某个统治者觉悟之后的协助和施舍,幻想用和平的方式来改造资本主义社会。

实际上,解决资本主义弊病的钥匙依旧蕴含在发展中,只有用发展的办法才能解决发展中的问题。只有在大工业不断创造出的更高生产力的驱动下,才可以突破资本主义生产关系的狭隘界限。同时,大工业的高度发展,还可以锻造工人阶级的组织性、纪律性,唤醒工人阶级的阶级意识,继而通过阶级斗争,取得社会主义革命的胜利。

> 这一点已经弄清,我们不再花费时间去谈论现在已经完全属于过去的这一方面了。让著作界的小贩们去一本正经地挑剔这些现在只能使人发笑的幻想吧!让他们去宣扬自己的清醒的思维方式优越于这种"疯狂的念头"吧!使我们感到高兴的,倒是处处突破幻想的外壳而显露出来的天才的思想萌芽和天才的思想,而这些却是那班庸人所看不见的。

---

① 《圣西门选集》(第1卷),王燕生等译,商务印书馆1979年版,第9页。

【义释】恩格斯认为，尽管空想社会主义的很多想法是不切实际的，但是，空想社会主义者对资本主义进行了尖锐的批判，对未来理想社会进行了大胆设计和描述。同时，空想社会主义者对未来理想社会的经济问题也作了不少揣测和设想，其中有许多积极因素。这些都为科学社会主义提供了直接思想来源。

在下面的几段中，恩格斯具体展开阐释了以圣西门、傅立叶和欧文为代表的三大空想社会主义者的天才思想，以及他们实现共产主义的办法。

圣西门是法国大革命的产儿，他在革命爆发时还不到30岁。这次革命，是第三等级即从事生产和贸易的国民大众对以前享有特权的游手好闲的等级即贵族和僧侣的胜利。但是，很快就暴露出，第三等级的胜利只是这个等级中的一小部分人的胜利，是第三等级中享有社会特权的阶层即拥有财产的资产阶级夺得政治权力。而且这个资产阶级还在革命过程中就迅速地发展起来了，这是因为它利用没收后加以拍卖的贵族和教会的地产进行了投机，同时又借承办军需品欺骗了国家。正是这些骗子的统治在督政府时代使法国和革命濒于覆灭，从而使拿破仑有了举行政变的借口。因此，在圣西门的头脑中，第三等级和特权等级之间的对立就采取了"劳动者"和"游手好闲者"之间的对立的形式。游手好闲者不仅是指旧时的特权分子，而且也包括一切不参加生产和贸易而靠租息为生的人。而"劳动者"不仅是指雇佣工人，而且也包括厂主、商人和银行家。游手好闲者失去了精神领导和政治统治的能力，这已经是确定无疑的，而且由革命最终证实了。至于无财产者没有这种能力，在圣西门看来，这已由恐怖时代的经验所证明。那么，应当是谁来领导和统治呢？按照圣西门的意见，应当是科学和工业，它们两者由一种新的宗教纽带结合起来，而这种纽带是一种必然神秘的和等级森严的"新基督教"，其使命就是恢复从宗教改革时起被破坏了的各种宗教观点的统一。可是，科学就是学者，而工业首先就是积极活动的资产者：厂主、商人、银行家。这些资产者固然应当成为一种公众的官吏、社会的受托人，但是对工人应当保持发号施令的和享有经济特权的地位。特别是银行家应当担负起通过调节信用来调节整个社会生产的使命。这样的见解完全适应法国刚刚产生大工业以及随之产生资产阶级和无产阶级的对立的那个时代。但是，圣西门特别强调的是：他随时随地都首先关心"人数最多和最贫穷的阶级"的命运。

【义释】在恩格斯看来，圣西门已经觉察出了后来的社会主义者几乎所有思想的萌芽。圣西门认为，法国大革命中第三等级和特权等级之间的对立，采取了"劳动者"和"游手好闲者"之间的对立的形式。所谓的"劳动者"，指的不仅是雇佣工人，还包括厂主、商人和银行家等。所谓的"游手好闲者"，指的是封建贵族和僧侣，以及一切不参加生产和贸易而靠租息为生的人。圣西门的这种划分，已经非常接近于马克思恩格斯的阶级斗争理论。

恩格斯在这里指出："游手好闲者失去了精神领导和政治统治的能力，这已经是确定无疑的，而且由革命最终证实了。至于无财产者没有这种能力，在圣西门看来，这已由恐怖时代的经验所证明。"①这里所谓的"无财产者"，指的是巴贝夫等那批搞密谋和革命暴动的早期共产主义者。

圣西门认为，应该由"科学和工业"来领导和统治国家。而科学就是学者，工业就是资产者（厂主、商人、银行家）。但是，无论是这些学者，还是资产者，他们只是作为管理者或者"受托人"的身份出现。同时，他还关心"人数最多和最贫穷的阶级"的命运。因此，圣西门的思想也被涂上了社会主义的色彩。

圣西门出身贵族，他自称是"欧洲之父"查理大帝的后裔。但是，在圣西门出生时，已经家道中落。1779年，他以志愿军的身份随法国军队赴美洲参加美国独立战争，因为在战争中表现英勇，他很快就被晋升为上校，还被华盛顿授予独立战争的最高奖——辛辛那提勋章。独立战争之后，圣西门回到法国。1789年，他参加了轰轰烈烈的法国大革命。恩格斯称，"圣西门是法国大革命的产儿"。圣西门早年投资房地产，大发横财；晚年挥霍无度，穷困潦倒。1823年，圣西门因觉得人生无望而开枪自杀，但是没有射准，打瞎了自己的一只眼睛；之后身体变得越来越糟糕，每况愈下，直到1825年去世。

在圣西门看来，要实现社会主义，不必推翻资本主义制度，只需要向穷人和富人作未来社会的广泛宣传，然后在资本主义社会中搞社会主义的试验，建立起一个一个的社会主义堡垒和据点，然后从点到面，逐步推广，最终就可以取得社会主义的全面胜利。

圣西门曾一度将自己实现社会主义的理想寄托于拿破仑，他给拿破

---

① 《马克思恩格斯文集》（第3卷），人民出版社2009年版，第529页。

仑写信，规劝拿破仑放弃称霸欧洲的计划，与自己一道去建设一个人人平等的新社会。但是，拿破仑在看过他的信之后，却讥讽圣西门是一个"疯子"。

圣西门在《日内瓦书信》中已经提出这样一个论点："人人应当劳动。"

在同一部著作中他已经指出，恐怖统治是无财产的群众的统治。他向他们高声说道：

"看吧，当你们的伙伴统治法国的时候，那里发生了什么事情？他们造成了饥荒！"

但是，认识到法国革命是阶级斗争，并且不仅是贵族和资产阶级之间的，而且是贵族、资产阶级和无财产者之间的阶级斗争，这在1802年是极为天才的发现。在1816年，圣西门宣布政治是关于生产的科学，并且预言政治将完全溶化在经济中。如果说经济状况是政治制度的基础这样的认识在这里仅仅以萌芽状态表现出来，那么对人的政治统治应当变成对物的管理和对生产过程的领导这种思想，即最近纷纷议论的"废除国家"的思想，已经明白地表达出来了。同样比他的同时代人高明的是：在1814年联军刚刚开进巴黎以后，接着又在1815年百日战争期间，他声明，法国和英国的同盟，其次这两个国家和德国的同盟，是欧洲的繁荣和和平的唯一保障。在1815年向法国人鼓吹去和滑铁卢会战的胜利者建立同盟，这确实既要有勇气又要有历史远见。

【义释】这上面几段中,恩格斯褒扬了圣西门的贡献。第一,圣西门心目中的理想制度是实业制度。他认为,只要国王和实业家之间形成联合,一起搞实业,这种联合将比其他阶级加在一起的力量还要大。同时,他反对不劳而食、不劳而获,提出"人人应当劳动"的观点。第二,圣西门已经意识到法国革命是阶级斗争,并且不仅是贵族与资产阶级之间,而且还是贵族、资产阶级和无财产者之间的阶级斗争。恩格斯认为,这在1802年是极为天才的发现。第三,圣西门认为,政治是关于生产的科学,并且预言政治将完全溶化在经济中。第四,圣西门明确地表达了,人的政治统治应当变成对物的管理和对生产过程的领导这种思想,即最近纷纷议论的"废除国家"的思想。第五,圣西门提出,建立英国、法国和德国的三国同盟是欧洲繁荣和和平的唯一保障。恩格斯认为,圣西门提出这样的观点,"确实既要有勇气又要有历史远见"。在《致法国工人党全国委员会》中,恩格斯指出:"你们的伟大同胞圣西门曾经第一个预见到,三个强大的西方国家——法国、英国、德国——的同盟是整个欧洲的政治和社会解放的第一个国际条件。我希望还能看到,这个同盟——将永远结束政府之间和王朝之间的战争的未来欧洲同盟的核心——将为三个国家的无产阶级所实现。"[①]

如果说我们在圣西门那里发现了天才的远大眼光,由于他有这种眼光,后来的社会主义者的几乎所有并非严格意义上的经济学思想都以萌芽状态包含在他的思想中,那么,我们在傅立叶那里就看到了他对现存社会制度所作的具有真正法国人的

[①] 《马克思恩格斯全集》(第22卷),人民出版社1965年版,第101—102页。

风趣的、但并不因此就显得不深刻的批判。傅立叶抓住了资产阶级所说的话，抓住了他们的革命前的狂热预言者和革命后得到利益的奉承者所说的话。他无情地揭露资产阶级世界在物质上和道德上的贫困，他不仅拿这种贫困同以往的启蒙学者关于只应由理性统治的社会、关于能给所有的人以幸福的文明、关于人类无限完善化的能力的诱人的诺言作对比，而且也拿这种贫困同当时的资产阶级意识形态家的华丽的词句作对比；他指出，同最响亮的词句相对应的到处都是最可怜的现实，他辛辣地嘲讽这种词句的无可挽救的破产。傅立叶不仅是批评家，他的永远开朗的性格还使他成为一个讽刺家，而且是自古以来最伟大的讽刺家之一。他以巧妙而诙谐的笔调描绘了随着革命的低落而盛行起来的投机欺诈和当时法国商业中普遍的小商贩习气。他更巧妙地批判了两性关系的资产阶级形式和妇女在资产阶级社会中的地位。他第一个表述了这样的思想：在任何社会中，妇女解放的程度是衡量普遍解放的天然尺度。但是，傅立叶最了不起的地方表现在他对社会历史的看法上。他把社会历史到目前为止的全部历程分为四个发展阶段：蒙昧、野蛮、宗法和文明。最后一个阶段就相当于现在所谓的资产阶级社会，即从16世纪发展起来的社会制度，他指出：

"这种文明制度使野蛮时代每一个以简单方式犯下的罪恶，都采取了复杂的、暧昧的、两面的、虚伪的存在形式"；

文明时代是在"恶性循环"中运动，是在它不断地重新制造出来而又无法克服的矛盾中运动，因此，它所达到的结果总是同它希望达到或者佯言希望达到的相反。所以，比如说，

"在文明时代，贫困是由过剩本身产生的"。

我们看到，傅立叶是和他的同时代人黑格尔一样熟练地掌握了辩证法的。他反对关于人类无限完善化的能力的空谈，而同样辩证地断言，每个历史阶段都有它的上升时期，但是也有它的下降时期，而且他还把这种考察方法运用于整个人类的未来。正如康德把地球将来会走向灭亡的思想引入自然科学一样，傅立叶把人类将来会走向灭亡的思想引入历史研究。

【义释】恩格斯在这几段中，主要赞扬了空想社会主义者傅立叶作出的贡献，大体可以总结为以下几点：第一，傅立叶无情地揭露资产阶级世界在物质上和道德上的贫困，这种贫困与当初启蒙学者诱人的诺言和资产阶级意识形态家华丽的词句形成了鲜明的反差。第二，傅立叶第一个表述了这样的思想：在任何社会中，妇女解放的程度是衡量普遍解放的天然尺度。第三，傅立叶用辩证法考察人类历史的各个发展阶段和整个人类的未来。傅立叶曾说过："任何社会在它本身即具有孕育下一个社会的能力。当这个社会达到它本身主要特征的高峰时,它也就达到了分娩的阵痛时期。"第四，把社会历史到目前为止的全部历程分为四个发展阶段：蒙昧、野蛮、宗法和文明。

傅立叶将社会历史划分为蒙昧、野蛮、宗法和文明四个阶段，大致相当于后来恩格斯在《家庭、私有制和国家的起源》中所提出的"社会五形态论"中的原始社会、奴隶社会、封建社会和资本主义社会阶段。恩格斯指出："最后一个阶段就相当于现在所谓的资产阶级社会，即从16世纪发展起来的社会制度。""这种文明制度使野蛮时代每一个以简单方式犯下的罪恶，都采取了复杂的、暧昧的、两面的、虚伪的存在形式。"①比如，资产阶级的婚姻，只是从表面上看是纯洁的，但本质上却是虚伪的，这种婚姻只是一场持久的交易，是一种财产关系的外化。正如恩格斯在前文中所言："婚姻本身和以前一样仍然是法律承认的卖淫的形式，是卖淫的官方的外衣，并且还以大量的通奸作为补充。"②

与圣西门一样，傅立叶也是法国人，也是贵族出身。傅立叶一生都比较穷困潦倒，终生未婚。但是，他对爱情婚姻都有自己独到的见解。傅立叶认为，在任何社会中，妇女解放的程度是衡量普遍解放的天然尺度。值得注意的是，马克思也曾表达过与傅立叶类似的观点。1868年12月，在致路德维希·库格曼的信中，马克思指出："每个了解一点历史的人也都知道，没有妇女的酵素就不可能有伟大的社会变革。社会的进步可以用女性（丑的也包括在内）的社会地位来精确地衡量……"③

恩格斯在这里指出："傅立叶不仅是批评家，他的永远开朗的性格还使他成为一个讽刺家，而且是自古以来最伟大的讽刺家之一。"④在傅立叶的著作中，几乎每一页都放射出讽刺和批判的光芒。我们转引几段傅立叶的文字，来看一下这位讽刺家的辛辣而不乏深刻性的笔锋：

"经济制度有一种更加突出的破坏性，即集体利益和个人利益之间的冲突。任何一个劳动者都由于个人利益而和群众利益处于对立状态，对群众不怀好意。医生希望自己的同胞患寒热病；律师则希望每个家庭都发生诉讼；建筑师需要一场大火把一个城市的四分之一化为灰烬；安装玻璃的工人希望下一场大冰雹把所有的玻璃打碎；裁缝和鞋匠希望公

---

① 《马克思恩格斯文集》（第3卷），人民出版社2009年版，第532页。
② 《马克思恩格斯文集》（第3卷），人民出版社2009年版，第527页。
③ 《马克思恩格斯文集》（第10卷），人民出版社2009年版，第299页。
④ 《马克思恩格斯文集》（第3卷），人民出版社2009年版，第531页。

众用容易褪色的料子作衣服，用坏皮子做鞋子，以便多穿破两套衣服，多穿坏两双鞋子。为了商业的利益，这就是他们的老生常谈。法院认为法国每年连续发生应该审理的十二万件犯罪案件和违法行为是适当的，因为这个数字对维持刑事法庭是必需的。在文明制度的经济体系中，每个人都这样处在蓄意与群众战斗的状态中。"①

"事实上，凡是不能实现的权利，都是幻想的权利。最好的证明就是宪法上人民有主权的规定。与这种冠冕堂皇的权利相反，一个贫民要是身边没有一个苏，他甚至连一顿饭都吃不上。这说明由对主权的要求到对吃一顿饭的要求，中间有一段很长的距离。所以，许多写在纸上的权利，都是不现实的，把这些权利赋予那些毫无办法实现的人，那是对他们的一种侮辱。"②

"我也跟牛顿一样，被一个苹果指出了思想的方向。这个苹果真不愧为名产，使得我这个旅行者在巴黎费弗里餐厅进餐时花了14苏。当时我刚从外省来，在外省，像这样的苹果，就是再大一点和质量再好一点，也只卖半个里阿尔，也就是14苏可买一百多个。我很诧异，同一地区和同一气候地带的产品，在价格上竟如此悬殊。于是我开始怀疑工业体制中存有基本缺陷，并从此着手探索。经过四个年头，我发现了工业组织的谢利叶，最后又发现了被牛顿所疏漏的世界运动规律。"③

此外，傅立叶还曾经批判过当时的俄罗斯人和中国人的造假行为。他在一篇著作中说道，俄罗斯人经常把假皮毛、假皮货卖给中国人，中

---

① 《傅立叶选集》（第1卷），赵俊欣等译，商务印书馆1979年版，第122页。
② 《傅立叶选集》（第3卷），汪耀三等译，商务印书馆1982年版，第23页。
③ [苏联]阿·鲁·约安尼相：《傅立叶传》，汪裕荪译，商务印书馆1961年版，第43页。

国人呢，则用假银块付款。①

傅立叶的空想社会主义最大的缺陷就是，他不知道废除资本主义私有制，也看不到无产阶级解放的物质条件，更看不到无产阶级在革命运动中的历史主动性，从而引导无产阶级进行革命。傅立叶拒绝任何政治斗争，削弱阶级斗争，主张通过阶级融合的方式来建立和谐社会。他甚至还曾天真地幻想，有朝一日资本家或大富翁能够良心发现，大发慈悲，伸出援手，帮助他建立一个理想中的"人人平等"的社会。

据说，1827年，傅立叶55岁的那一年，他在报纸上登出一则广告，呼吁资本家或大富翁能够掏出钱来支持他的"法郎吉"试验，他每天中午12点钟都会在家恭候这样的人出现。这位年过半百的老人在家苦苦等待着，但始终没有等到哪位大发慈悲的资本家或大富翁出现。1837年，这位老人在无尽的守望中郁郁而终。

当革命的风暴横扫整个法国的时候，英国正在进行一场比较平静，但是并不因此就显得缺乏力量的变革。蒸汽和新的工具机把工场手工业变成了现代的大工业，从而使资产阶级社会的整个基础发生了革命。工场手工业时代的迟缓的发展进程转变成了生产中的真正的狂飙时期。社会越来越迅速地分化为大资本家和一无所有的无产者，现在处于他们二者之间的，已经不是以前的稳定的中间等级，而是不稳定的手工业者和小商人群众，他们过着动荡不定的生活，是人口中最流动的部分。新的生产方式还处在上升时期的最初阶段；它还是正常的、适当

---

① 王巍：《〈社会主义从空想到科学的发展〉导读》，中共中央党校出版社2018年版，第26页。

的、在当时条件下唯一可能的生产方式。但是就在那时，它已经产生了明显的社会弊病：无家可归的人挤在大城市的贫民窟里；一切传统的血缘关系、宗法从属关系、家庭关系都解体了；劳动时间，特别是女工和童工的劳动时间延长到可怕的程度；突然被抛到全新的环境中的劳动阶级，从乡村转到城市、从农业转到工业、从稳定的生活条件转到天天都在变化的毫无保障的生活条件的劳动阶级，大批地堕落了。

【义释】如果说在大工业之前的工厂手工业阶段，劳动阶级还或多或少地带有一些宗法关系，但是，到了资本主义发展的狂飙时期，一切传统的血缘关系、宗法从属关系、家庭关系都已经解体了。在资本主义发展的上升时期，阶级对立越来越简单化，整个社会日益分裂为两大相互直接对立的阶级：资产阶级和无产阶级。过去的"稳定的中间等级"已经变成"不稳定的手工业者和小商人群众"，也就是小资产阶级。这部分小资产阶级，要么一跃成为大资产阶级，要么就被大资产阶级所吞噬，沦落到无产阶级的队伍中去。这时社会的各种弊病已经开始暴露出来，如恩格斯在这里所指出的："无家可归的人挤在大城市的贫民窟里；一切传统的血缘关系、宗法从属关系、家庭关系都解体了；劳动时间，特别是女工和童工的劳动时间延长到可怕的程度；突然被抛到全新的环境中的劳动阶级，从乡村转到城市、从农业转到工业、从稳定的生活条件转到天天都在变化的毫无保障的生活条件的劳动阶级，大批地堕落了。"[①]时势造英雄，这时候欧文作为这一时期的"时代精

---

① 《马克思恩格斯文集》（第3卷），人民出版社2009年版，第533页。

神"出现了。

这时有一29岁的厂主作为改革家出现了,这个人具有像孩子一样单纯的高尚的性格,同时又是一个少有的天生的领导者。罗伯特·欧文接受了唯物主义启蒙学者的学说:人的性格是先天组织和人在自己的一生中,特别是在发育时期所处的环境这两个方面的产物。社会地位和欧文相同的大多数人都认为,工业革命只是便于浑水摸鱼和大发横财的一片混乱。欧文则认为,工业革命是运用他的心爱的理论并把混乱化为秩序的好机会。当他在曼彻斯特领导一个有500多工人的工厂的时候,就试行了这个理论,并且获得了成效。从1800年到1829年间,他按照同样的精神以股东兼经理的身份管理了苏格兰的新拉纳克大棉纺厂,只是在行动上更加自由,而且获得了使他名闻全欧的成效。新拉纳克的人口逐渐增加到2500人,这些人的成分原来是极其复杂的,而且多半是极其堕落的分子,可是欧文把这个地方变成了一个完善的模范移民区,在这里,酗酒、警察、刑事法官、诉讼、贫困救济和慈善事业都绝迹了。而他之所以能做到这点,只是由于他使人生活在比较合乎人的尊严的环境中,特别是让成长中的一代受到精心的教育。他发明了并且第一次在这里创办了幼儿园。孩子们满一周岁以后就进幼儿园;他们在那里生活得非常愉快,父母几乎领不回去。欧文的竞争者迫使工人每天劳动13—14小时,而在新拉纳克工人只劳动10小时半。当棉纺织业危机使工厂不得不停工四个月的时候,歇工的工人还继续领取全部工资。虽然如此,这个企业的价值还是增加了一倍多，而且直到最后一直给企业主们带来丰厚的利润。

欧文对这一切并不感到满足。他给他的工人创造的生活条件，在他看来还远不是合乎人的尊严的，他说，

"这些人都是我的奴隶"；

他给他们安排的比较良好的环境，还远不足以使人的性格和智慧得到全面的合理的发展，更不用说允许进行自由的生命活动了。

"可是，这2500人中从事劳动的那一部分人给社会生产的实际财富，在不到半个世纪前还需要60万人才能生产出来。我问自己：这2500人所消费的财富和以前60万人本来应当消费的财富之间的差额到哪里去了呢？"

答案是明白的。这个差额是落到企业所有者的手里去了，他们除了领取5%的创业资本利息以外，还得到30万英镑（600万马克）以上的利润。新拉纳克尚且如此，英国其他一切工厂就更不用说了。

"没有这些由机器创造的新财富，就不能进行推翻拿破仑和保持贵族的社会原则的战争。而这种新的力量是劳动阶级创造的。"

因此，果实也应当属于劳动阶级。在欧文看来，到目前为止仅仅使个别人发财而使群众受奴役的新的强大的生产力，提供了改造社会的基础，它作为大家的共同财产只应当为大家的共同福利服务。

【义释】欧文是英国工业革命的产儿,他目睹了英国资本主义生产力狂飙式的发展,也感受到了这种文明的根本缺陷。欧文认为,新的生产力为劳动阶级所创造,其成果也应该被劳动阶级占有。显然,这种思想已经有了关于马克思后来的剩余价值学说的雏形了。此外,欧文接受了唯物主义启蒙学者的学说:人的性格是先天组织和人在自己的一生中,特别是在发育时期所处的环境这两个方面的产物。基于这样的认识,欧文在实践活动中比较注重改善社会环境。

　　欧文非常重视教育,他发明了并且第一次在移民区创办了幼儿园,他认为这样就可以使人的生活合乎尊严。欧文认为,教育应该是全面的,应该培养孩子的德、智、体、行等方面的品质,同时,还要将教育和生产劳动结合起来。马克思对欧文的教育理念评价非常高,他指出:"正如我们在罗伯特·欧文那里可以详细看到的那样,从工厂制度中萌发出了未来教育的幼芽,未来教育对所有已满一定年龄的儿童来说,就是生产劳动同智育和体育相结合,它不仅是提高社会生产的一种方法,而且是造就全面发展的人的惟一方法。"①

　　欧文的共产主义就是通过这种纯粹商业的方式,作为所谓商业计算的果实产生出来的。它始终都保持着这种面向实际的性质。例如,在1823年,欧文提出了通过共产主义移民区消除爱尔兰贫困的办法,并附上了关于筹建费用、年度开支和预计收入的详细计算。而在他的关于未来的最终计划中,对各种技术上的细节,包括平面图、正面图和鸟瞰图在内,都作了非常

---

① 《马克思恩格斯文集》(第5卷),人民出版社2009年版,第556—557页。

内行的规划，以致他的社会改革的方法一旦被采纳，则各种细节的安排甚至从专家的眼光看来也很少有什么可以挑剔的。转向共产主义是欧文一生中的转折点。当他还只是一个慈善家的时候，他所获得的只是财富、赞扬、尊敬和荣誉。他是欧洲最有名望的人物。不仅社会地位和他相同的人，而且连达官显贵、王公大人们都点头倾听他的讲话。可是，当他提出他的共产主义理论时，情况就完全变了。在他看来，阻碍社会改革的首先有三大障碍：私有制、宗教和现在的婚姻形式。他知道，他向这些障碍进攻，等待他的将是什么：官方社会的普遍排斥，他的整个社会地位的丧失。但是，他并没有却步，他不顾一切地向这些障碍进攻，而他所预料的事情果然发生了。他被逐出了官方社会，报刊对他实行沉默抵制，他由于以全部财产在美洲进行的共产主义试验失败而变得一贫如洗，于是他就直接转向工人阶级，在工人阶级中又进行了30年的活动。当时英国的有利于工人的一切社会运动、一切实际进步，都是和欧文的名字联在一起的。例如，经过他五年的努力，在1819年通过了限制工厂中妇女和儿童劳动的第一个法律。他主持了英国工会的第一次代表大会，在这次大会上，全国各工会联合成一个工会大联盟。同时，作为向完全共产主义的社会制度过渡的措施，一方面他组织了合作社（消费合作社和生产合作社），这些合作社从这时起至少已经在实践上证明，无论商人或厂主都决不是不可缺少的人物；另一方面他组织了劳动市场，即借助以劳动小时为单位的劳动券来交换劳动产品的机构；这种机构必然要遭到失败，但是充分预示了晚得多的蒲鲁东的交换银行，而它和后者不同的是，它并没有被说成是医治一切社会弊病的万灵药方，而只是被描写为激进得多的社会改造的第一步。

【义释】这一部分主要阐释了欧文的空想社会主义理论及其实践。欧文为了实现自己的理想王国，分别在曼彻斯特和苏格兰的新拉纳克试验了他的空想社会主义。之后，他又转战到美国的印第安纳州，创办了名为"新和谐"公社的共产主义实验基地。这些空想共产主义试验基地，呈现出一派欣欣向荣的景象，但是，不久之后，这些公社便陷入重重矛盾之中，它们就像汪洋大海中的一叶叶孤舟，一座座孤岛，很快就变得四面楚歌，风雨飘摇。

欧文说，阻碍社会改革的三大障碍分别是私有制、宗教和现在的婚姻形式，它们是"三位一体的祸害"，其中最主要的是私有制，它"过去和现在都是人们所犯的无数罪行和所遭受的无数灾祸的根源"[①]。这些话当然都是资本家不愿意听到的，因为它们戳穿了资本家的老底。在这些批判之后，等待欧文的是官方社会的普遍排斥，以及他的整个社会地位的丧失。

欧文认为，资本主义制度是虚伪的、不幸的恶劣制度，如果要向优良的制度过渡，只有通过和平方式和依靠英明远见才有可能。所谓的"和平方式"，就是呼吁当权者，幻想由当权者来改造社会。据说，欧文曾向英国女王、俄国沙皇、美国总统，以及神圣同盟的君主呼吁。具体如何改造社会？欧文的办法就是"合作社"。合作社分为两种，分别

---

① 《欧文选集》（第2卷），柯象峰等译，商务印书馆1981年版，第11页。

是生产合作社和消费合作社。欧文希望通过合作社的方式对抗资本对劳动的占有，达到改造资本主义私有制的目的。马克思对欧文的合作社评价极高，他在《国际工人协会成立宣言》中指出："劳动的政治经济学对财产的政治经济学还取得了一个更大的胜利。我们说的是合作运动，特别是由少数勇敢的'手'独力创办起来的合作工厂。对这些伟大的社会试验的意义不论给予多么高的估价都是不算过分的。工人们不是在口头上，而是用事实证明：大规模的生产，并且是按照现代科学要求进行的生产，没有那个雇用工人阶级的雇主阶级也能够进行；他们证明：为了有效地进行生产，劳动工具不应当被垄断起来作为统治和掠夺工人的工具；雇佣劳动，也像奴隶劳动和农奴劳动一样，只是一种暂时的和低级的形式，它注定要让位于带着兴奋愉快心情自愿进行的联合劳动。在英国，合作制的种子是由罗伯特·欧文播下的……"[①]

欧文的合作社如火如荼地展开，但很快就引起了资产阶级的恐惧。因此，合作社很快就被宣布为非法。最终，合作社运动不可避免地走向失败。列宁在总结欧文以来的合作运动的经验时指出："旧日合作社工作者的理想中有很多幻想。他们常常由于这种幻想而显得可笑。可是他们的幻想究竟表现在什么地方呢？表现在这些人不懂得工人阶级为推翻剥削者统治而进行的政治斗争的根本意义。""为什么说自罗伯特·欧文以来所有的旧日合作社工作者的计划都是幻想呢？因为他们没有估计到阶级斗争、工人阶级夺取政权、推翻剥削者阶级的统治这样的根本问题，而梦想用社会主义来和平改造现代社会。因此我们有理由把这种'合作'社会主义看作彻头彻尾的幻想，把以为只要实行居民合作化就

---

① 《马克思恩格斯文集》（第3卷），人民出版社2009年版，第12—13页。

能使阶级敌人变为阶级朋友、使阶级战争变为阶级和平（所谓国内和平）的梦想，看作浪漫主义的，甚至庸俗的东西。"①

除了组织合作社以外，欧文还组织了劳动产品交换市场。在劳动市场里，他主张用劳动时间代替货币作为价值尺度进行商品交换。在欧文看来，通过这样的方式就可以免除货币带来的危害和资本家对工人的剥削。尽管在资本主义制度下，欧文所创办的劳动产品交换市场必然会走向失败，但是意义是重大的。正如马克思在《资本论》中所言："欧文的'劳动货币'，同戏票一样，不是'货币'。欧文以直接社会化劳动为前提，就是说，以一种与商品生产截然相反的生产形式为前提。劳动券只是证明生产者个人参与共同劳动的份额，以及他个人在供消费的那部分共同产品中应得的份额。"②

欧文不像圣西门和傅立叶那样出身显赫，而是出身于手工业者家庭。欧文的一生可以分为两个大的阶段，前半生是一个资产阶级的慈善家，后半生转向为空想社会主义者。从一穷二白的工人一路奋斗到万贯家财的资本家，而后又为了他的社会主义理想千金散尽。作为慈善家，欧文以牺牲自己利益的方式，让大多数人过上幸福生活。从道义上讲，这种英雄主义是值得歌颂的，但从马克思主义理论的角度来讲，这种英雄主义又是需要批判的。欧文不懂得"武器的批判"要比"批判的武器"更有力量，不懂得"掌握群众"，不懂得把握现实的物质力量，因此，最终必然走向失败。但是不可否认的是，欧文为社会主义事业的发展作出了不可磨灭的贡献。1860年，马克思在致约翰·菲力浦·贝克尔的信中这样写道：罗伯特·欧文"一经踏上革命的道路，即使遇到失

---

① 《列宁选集》（第4卷），人民出版社2012年版，第772页。
② 《马克思恩格斯文集》（第5卷），人民出版社2009年版，第115页。

败，也总是能从中汲取新的力量，而且在历史的洪流中漂游得愈久，就变得愈坚决"①。

空想主义者的见解曾经长期支配着19世纪的社会主义观点，而且现在还部分地支配着这种观点。法国和英国的一切社会主义者不久前都还信奉这种见解，包括魏特林在内的先前的德国共产主义也是这样。对所有这些人来说，社会主义是绝对真理、理性和正义的表现，只要它被发现了，它就能用自己的力量征服世界；因为绝对真理是不依赖于时间、空间和人类的历史发展的，所以，它在什么时候和什么地方被发现，那纯粹是偶然的事情。同时，绝对真理、理性和正义在每个学派的创始人那里又是各不相同的；而因为在每个学派的创始人那里，绝对真理、理性和正义的独特形式又是由他们的主观知性、他们的生活条件、他们的知识水平和思维训练水平所决定的，所以，解决各种绝对真理的这种冲突的办法就只能是它们互相磨损。由此只能得出一种折中的不伦不类的社会主义，这种社会主义实际上直到今天还统治着法国和英国大多数社会主义工人的头脑，它是由各学派创始人的比较温和的批判性言论、经济学原理和关于未来社会的观念组成的色调极为复杂的混合物，这种混合物的各个组成部分，在辩论的激流中越是磨去其锋利的棱角，就像溪流中的卵石一样，这种混合物就越容易构成。为了使社会主义变为科学，就必须首先把它置于现实的基础之上。

---

① 《马克思恩格斯全集》（第30卷），人民出版社1974年版，第522页。

【义释】恩格斯认为,每个空想社会主义者及其追随者都认为,只有他们自己的真理才是绝对真理,但是,他们各自笃信的那个绝对真理,从根本上又是由他们的主观知性、他们的生活条件、他们的知识水平和思维训练水平所决定的。因为每个人的生活条件、家庭出身、知识水平和思维训练水平都是不同的,这就决定了他们所秉信的那个绝对真理是各自不同的。他们的绝对真理只能互相磨合,最终得到的只是一个在相同通约和妥协之后的不伦不类的混合物。

在《共产党宣言》中,马克思指出:"批判的空想的社会主义和共产主义的意义,是同历史的发展成反比的。阶级斗争越发展和越具有确定的形式,这种超乎阶级斗争的幻想,这种反对阶级斗争的幻想,就越失去任何实践意义和任何理论根据。所以,虽然这些体系的创始人在许多方面是革命的,但是他们的信徒总是组成一些反动的宗派。这些信徒无视无产阶级的历史进展,还是死守着老师们的旧观点。因此,他们一贯企图削弱阶级斗争,调和对立。"[①]如果说早期的空想社会主义者是由当时不成熟的资本主义生产状况所决定的,是一种对美好社会最初的本能的渴望和不自觉的诉求,那么随着生产力的发展,在工人已经逐渐上升为阶级,而且已经开始觉醒并拥有阶级意识时,如果还有人刻舟求剑,抱残守缺,固执地死守着空想社会主义的理论的话,那就是在开历史的倒车了。这种空想社会主义已经从无产阶级退到小资产阶级的社会主义,沦为反动的社会主义了。例如,"圣西门派关于银行和信用制度的幻想,就受到历史的嘲弄,在拿破仑第三的时代,表现为空前未有的大投机";"傅立叶派和圣西门派一样,用各种空想实验的无谓号召,

---

① 《马克思恩格斯文集》(第2卷),人民出版社2009年版,第64页。

引诱无产阶级离开同资产阶级进行的革命斗争。他们都拼命攻击一切工人政治运动"①。

伊格尔顿有一段对这些乌托邦主义者非常中肯的评论:"对马克思来说,乌托邦蓝图分散了人们对当前政治任务的注意力。与其把精力投入对于乌托邦蓝图的幻想,倒不如使其服务于政治斗争来得更有成效。作为唯物主义者,马克思对那些脱离了历史现实的观点都保持着审慎的态度,并且认为这种脱离实际的观点一定是由相应的历史原因造成的。任何无所事事的人都可以设计出一个美好的未来,这就像任何人都可以构思一部绝妙小说的无数情节,却从来没有抽出时间写过一个字一样。因为他们一直在无休止地构思。马克思的观点认为,不要去幻想理想的未来,而要去解决阻碍美好未来实现的现实矛盾。当人们真正做到这一点的时候,像他自己那样的人就不再需要了。""如果要使这种希望超越毫无意义的幻想,那么一个截然不同的未来就不仅仅是值得向往的,还必须是可行的;所谓'可行',就是未来必须立足于眼下的客观现实,而决不可能是什么从政治外层空间掉到现实世界里来的一个馅饼。"

---

① 《圣西门选集》(第1卷),王燕生等译,商务印书馆1979年版,第8页。

"第二章"
义释

> 在此期间，同18世纪的法国哲学并列和继它之后，近代德国哲学产生了，并且在黑格尔那里完成了。它的最大的功绩，就是恢复了辩证法这一最高的思维形式。

【义释】《社会主义从空想到科学的发展》的第二章，主要是阐释辩证法和历史唯物主义，以及它们如何超越形而上学和历史唯心主义。理论只有彻底才能说服人，所谓彻底就是抓住事物的根本。所谓抓住事物的根本，就是要用辩证法和历史唯物主义去解读社会主义，以及社会主义和资本主义的关系。如果没有这样的科学理论根基，社会主义就不再具有科学性。

恩格斯首先从黑格尔的辩证法谈起。他在这里指出，近代德国哲学的最大功绩，就是恢复了辩证法这一最高的思维方式。实际上，这一工作是从康德那里开始的，在黑格尔那里完成的。黑格尔认为，"在古代，柏拉图被称为辩证法的发明者"，"在近代，主要的代表人物是康德，他又促使人们注意辩证法，而且重新回复它光荣的地位"[①]。

在康德那里，辩证法的作用是消极的，它一般是在人们遇到矛盾无法解决的时候才会出现。康德认为，知性所面对和适用的对象应该是物理世界，可以把一切物理事件归类到知性范畴序列之中，知性也的确在这个领域取得了巨大的成就。但是，随着人类理性的攀升，知性必然会越来越自负，它自以为可以把握一切领域的问题，于是便僭越到自由意

---

① [德]黑格尔：《小逻辑》，贺麟译，商务印书馆1980年版，第178—179页。

志、信仰的地盘。在面对自由意志、信仰等领域时，它自以为是地对其进行判断，而它除了因果关系等知性范畴之外，又没有别的工具。因此，当用这些知性范畴去把握它们时，便不可避免地产生悖反，陷入不可解决的矛盾之中。辩证法是对人类的理性的一个警告。

在黑格尔那里，辩证法是一种积极性的用法。黑格尔认为，"旧形而上学的思维是有限的思维，因为它老是活动于有限思维规定的某种界限之内，并把这种界限看成固定的东西，而不对它再加以否定。譬如，就'上帝有存在吗？'一问题而言，旧形而上学家便认这里的存在为一纯粹肯定的、究竟至极的、无上优美的东西。但以后我们便可看到，存在并不单纯是一种肯定的东西，而是一太低级的规定，不足以表达理念，也不配表达上帝"[1]。与旧的形而上学思维方式不同，"辩证法却是一种内在的超越，由于这种内在的超越过程，知性概念的片面性和局限性的本来面目，即知性概念的自身否定性就表述出来了。凡有限之物莫不扬弃其自身。因此，辩证法构成科学进展的推动的灵魂。只有通过辩证法原则，科学内容才达到内在联系和必然性，并且只有在辩证法里，一般才包含有真实的超出有限，而不只是在外在的超出有限"[2]。

同时，在黑格尔看来，真理是一个过程，任何真理都以"真理性"的方式表现出来。历史并不是由一些杂乱无章的偶然事件胡乱堆砌而成的，历史的发展有其必然性，它是一个从不自由到自由的过程。同时，历史的发展受到一个内在决定了的发展原则的支配，这个内在原则就是"绝对精神"。此外，黑格尔认为，真理是大全，不能脱离整体来理解个体，分立性是不实在的，有限事物外观上的独立性只是一种幻觉。除

---

[1] [德]黑格尔：《小逻辑》，贺麟译，商务印书馆1980年版，第97页。
[2] [德]黑格尔：《小逻辑》，贺麟译，商务印书馆1980年版，第176页。

全体以外，没有完全实在的东西，因为任何部分一孤立开便因孤立而改变性质，于是便不再显出十分真的面目。任何孤立事物的存在，只能在"定在"的意义上得到说明。

> 古希腊的哲学家都是天生的自发的辩证论者，他们中最博学的人物亚里士多德就已经研究了辩证思维的最主要的形式。而近代哲学虽然也有辩证法的卓越代表（例如笛卡儿和斯宾诺莎），但是特别由于英国的影响却日益陷入所谓形而上学的思维方式；18世纪的法国人也几乎全都为这种思维方式所支配，至少在他们的专门哲学著作中是如此。可是，在本来意义的哲学之外，他们同样也能够写出辩证法的杰作；我们只要提一下狄德罗的《拉摩的侄子》和卢梭的《论人间不平等的起源》就够了。——在这里，我们就简略地谈谈这两种思维方法的实质。

【义释】"辩证法（dialectics）"源出于希腊语Διαλεκτική。这个词由两部分组成，词根"Δια-"，意为"两个"，而λεκτική意为"说话、讲话"。如果将这个单词直译过来，即"两个人对话"的意思。古希腊的哲学家大都比较喜欢辩论，他们甚至将辩论视为一种纯粹的精神生活。比如，苏格拉底就经常自谦地说自己一无所知，于是他走到雅典街头与别人辩论、对话。他会去追问一个路人"什么是美"，当别人回答了他的问题之后，他并不会以此为满足，会找出对方答案的破绽，再次诘问。经过这样一来一回、循环往复的诘问论辩式的探讨，不断诱导和启发对方，最终，一个相对让人满意的真理便孕育了出来。这个孕育真理的过程，就是辩证法。苏格拉底常运用他的辩证法去攻击一般人的通常意识，特别是经常攻击智者派，如普罗泰戈拉等。苏格拉底的母亲是一位产婆，孕育真理的过程跟接生孩子的过程有些相似，都是要经过一个痛苦的过程，因此，苏格拉底的辩证法又称为"产婆术"。当然，这只是从词源上对辩证法的一种考察。

古希腊的哲学家都是天生的自发的辩证论者，如赫拉克利特[①]、苏格拉底、柏拉图[②]和亚里士多德。近代哲学中辩证法的卓越代表有笛卡尔、斯宾诺莎和莱布尼茨等。如斯宾诺莎在讨论实体、属性和样式范畴时，曾提出一个著名的辩证法命题："规定即否定。"在斯宾诺莎看来，作为样式的个别事物是有限的，当人们给一个具体事物作出某种规定，说它是什么的时候，同时就意味着把它和别的事物区别开来，否定了它是另外的事物。换句话说，说某物是什么，也就是说某物不是什么。再如莱布尼茨认为，单子是实体，它们是独立的、封闭的，且没有可供出入的"窗户"，然而，它们可以通过神彼此互相发生作用，并且其中每个单子都反映着、代表着整个的世界。同时，莱布尼茨既肯定单子是不可分的，又肯定单子的变化是连续的。莱布尼茨用单子构筑的哲学体系，也包含着丰富的辩证法思想。在《哲学笔记》中，列宁认为，莱布尼茨哲学中包含"特种的辩证法，而且是非常深刻的辩证法"。莱布尼茨的辩证法，不但在康德那里得到了发扬，而且也是黑格尔唯心主义辩证法的主要源泉之一。

---

① 革命导师列宁称赫拉克利特为"辩证法的奠基人"。

② 黑格尔认为，在古代，柏拉图被称为辩证法的发明者。在柏拉图哲学中，辩证法第一次以自由的科学的形式，亦即以客观的形式出现，就此而言，这句话的确是对的。辩证法在苏格拉底手中，与他的哲学探讨的一般性格相一致，仍带有强烈的主观色彩，叫作讽刺的风趣。

当我们通过思维来考察自然界或人类历史或我们自己的精神活动的时候，首先呈现在我们眼前的，是一幅由种种联系和相互作用无穷无尽地交织起来的画面，其中没有任何东西是不动的和不变的，而是一切都在运动、变化、生成和消逝。所以，我们首先看到的是总画面，其中各个细节还或多或少地隐藏在背景中，我们注意得更多的是运动、转变和联系，而不是注意什么东西在运动、转变和联系。这种原始的、素朴的、但实质上正确的世界观是古希腊哲学的世界观，而且是由赫拉克利特最先明白地表述出来的：一切都存在而又不存在，因为一切都在流动，都在不断地变化，不断地生成和消逝。

【义释】这一段，恩格斯主要介绍了辩证法的基本特点。笔者认为，可以将辩证法归结为三点：万物皆联系、万物皆流变和万物皆不同。

万物皆联系。在心理学里，有一个典故叫"蝴蝶效应"，即如果太平洋此岸的一只蝴蝶震颤翅膀，经过一系列的中介环节之后，最终会引起太平洋彼岸的一场飓风。如果初始参数发生细微的变化，整个结果可能会有天壤之别。帕斯卡在《思想录》中也有一个类似的说法："要是克利奥帕特拉的鼻子长得短一些，整个世界的面貌就会改变。"无论是在自然界、人类社会，还是在精神生活领域，都存在着或直接或间接，或必然或偶然，或本质或非本质的联系。整个宇宙就是一个各部分之间全息关联的统一整体。

万物皆流变。万事万物都是变动不居的，比如我们面前的桌子，只是看上去不动，处于一种静止的状态，但这种静止只是一种相对静止，而不是绝对不动。如果将这张桌子缩小至足够小的微观粒子状态，我们就会看到这张桌子如一杯被烧开的水，在汹涌地翻滚沸腾。或者，如果我们改变看这张桌子的单位，比如以十年为单位去看这张桌子的话，那么，可能用不了几十个单位，这张桌子就风化消逝了。桌子是这样，河流就更是这样了。河水川流不息，之前河中的水流会被之后的水流所代替。所以，赫拉克利特说："人不能两次踏进同一条河流。"赫拉克利特的学生克拉底鲁进一步说："人甚至一次也不能踏入同一条河流。"不光河流是运动的，踏进河流的人也是在运动的。无论就构成人的有机体，还是就人的思想而言，我们根本无法用任何东西去确证人的自身同一性。人体像一台高速运转的机器，细胞总是在不断更迭，不断新陈代谢，每八年就完全更新一次，我甚至都无法保证刚才的"我"与现在的"我"是否具有同一性，更遑谈八年以前的"我"与现在的"我"是否是同一个我。从思想上来讲，也是如此。一个人的思想甚至要比有机体还要瞬息万变，捉摸不定。因此，从思想上而言，这种自身同一性也是无法保证的。

　　万物皆不同。实际上，在万物皆流变中已经蕴含着万物皆不同的思想。因为如果连事物的自身同一性都无法得到保证的话，那就遑谈事物与事物之间的同一性了。莱布尼茨讲："世界上没有两片相同的树叶。"两片看上去一模一样的树叶，实际上肯定是有差异的。据说，当时宫廷中的卫士和宫女都不相信莱布尼茨的这个观点，于是他们纷纷跑到御园中四处寻找完全没有差别的树叶，想借以推翻莱布尼茨的观点。但是，这些卫士和宫女最终却是徒劳的。

　　我们可以拿中医和西医的区别来理解辩证法和形而上学思维方式的

差异。从本质上讲，中医的方法论就非常深刻地体现了这种辩证法，而作为现代医学的西医，则更多是用形而上学的思想武装起来的。中医讲求整体观念，治病求本，不束缚局限于疾病的局部表现，它讲究上病下取、下病上取、头痛医脚、脚痛医头。这就是从联系的观点审视问题的方法论。

同时，中医讲究望闻问切，应病与药。乍听上去，中医处方的剂量似乎是非常经验的、不准确的，比如一把桔梗、一把枸杞到底是多少？大人与孩子的一把是不一样的，甚至每个人的一把也都是不一样的，究竟多少算是一把？但是，这其中对一把的拿捏，恰恰是中医在长期行医过程中经验积累的把握。因为每个人所患的疾病是不同的，即使是同一种疾病，也会有不同的发展阶段。即使是同样的发展阶段，每个人的身体体质又是不同的，因而在每个人那里的用药量也当然就是不同的。如果想用同一种标准去裁量治疗不同的疾病，就相当于削足适履，是不合理的。

在《庄子·天道》中，有一个名为"轮扁斫轮"的故事：桓公读书于堂上，轮扁斫轮于堂下，释椎凿而上，问桓公曰："敢问公之所读者，何言邪？"公曰："圣人之言也。"曰："圣人在乎？"公曰："已死矣。"曰："然则君之所读者，古人之糟粕已夫！"桓公曰："寡人读书，轮人安得议乎！有说则可，无说则死！"轮扁曰："臣也以臣之事观之。斫轮，徐则甘而不固，疾则苦而不入，不徐不疾，得之于手而应于心，口不能言，有数存乎其间。臣不能以喻臣之子，臣之子亦不能受之于臣，是以行年七十而老斫轮。古之人与其不可传也死矣，然则君之所读者，古人之糟粕已夫！"

除了"轮扁斫轮"以外，在庄子那里还有很多这样的隐喻，表达了同样的观点，如游刃有余、庖丁解牛等。知识不只蕴含在思辨之中，还有很大一部分蕴含在以身体为中介的实践之中，这部分知识只可意会无法言传，无法用语言或者文字准确地表述出来。迈克尔·波兰尼称这种知识为"隐性知识"。这种知识只存在于个体中，是主观的，是无法通约的，也无法用客观主义的方法和标准去度量。实际上，中医处方里那种对药量的把握就属于这种"隐性知识"。老中医通过常年的行医，对这"一把"的剂量的把握是动态的、主观的，是通过不断的实践所积累起来的经验。

> 但是，这种观点虽然正确地把握了现象的总画面的一般性质，却不足以说明构成这幅总画面的各个细节；而我们要是不知道这些细节，就看不清总画面。为了认识这些细节，我们不得不把它们从自然的或历史的联系中抽出来，从它们的特性、它们的特殊的原因和结果等等方面来分别加以研究。这首先是自然科学和历史研究的任务；而这些研究部门，由于十分明显的原因，在古典时代的希腊人那里只占有从属的地位，因为他们首先必须为这种研究搜集材料。只有当自然和历史的材料搜集到一定程度以后，才能进行批判的整理和比较，或者说进行纲、目和种的划分。因此，精确的自然研究只是在亚历山大里亚时期的希腊人那里才开始，而后来在中世纪由阿拉伯人继续发展下去；可是，真正的自然科学只是从15世纪下半叶才开始，从这时起它就获得了日益迅速的进展。

【义释】从本质上讲，万物皆联系，万物皆流变，万物皆不同。但是，主体是一个变量，客体也是一个变量，如何在主客体之间建立一种关联性？感性的东西是变灭的、个别的，但如果只停留在这种变灭之中，世界便不可能被认知和把握。于是，人们不得不采取一种权宜之计，即将联系在一起的事物析分化，将流变的事物静止化，将不同的事物同一化，这样才可以在主客体之间架设起一座桥梁。但是，用这种分门别类的研究方法把握到的客体，并不一定是那个客体本身。将事物割裂成一个一个的部分进行研究，尽管对每一个部分都研究得非常翔实，但是将这些部分组合成一个整体之后，它已经远非原来的那个事物本身了。因此，形而上学是一种没有办法的办法。

我们应该自觉到人类所用的知性并非内含于事物自身之中，它只是由主体在人与世界之间架构起来的一座"桥梁"，是主体赋予和加持给事物本身的。通过这座"桥梁"，客观世界就可以提纲挈领地得到解释，否则主体对事物的认识就只能停留在直接性里，无法通过事物的直接性去认识它并与之建立关系。正如黑格尔所言："就思维作为知性[理智]来说，它坚持着固定的规定性和各规定性之间彼此的差别，以与对方相对立。知性式的思维将每一有限的抽象概念当作本身自存或存在着的东西。""知性活动，一般可以说是在于赋予它的内容以普遍性的形式。不过由知性所建立的普遍性乃是一种抽象的普遍性，这种普遍性与特殊性坚持地对立着，致使其自身同时也成为一特殊的东西了。知性对于它的对象既持分离和抽象的态度，因而它就是直接的直观和感觉的反面，而直接的直观和感觉只涉及具体的内容，而且始终停留在具体性里。"[1]

---

[1] [德]黑格尔：《小逻辑》，贺麟译，商务印书馆1980年版，第172—173页。

在古希腊人那里，这种形而上学的研究方法只占有从属地位，因为在希腊古典时期，主要是以搜集材料为主。同时，希腊古典时期，各学科都是融合交织在一起的，并没有像我们今天这样的学科分类，他们将所有的研究统称为哲学研究，冠之以哲学之名。哲学，是对各学科研究的一个统称。

我们大概可以从亚里士多德及其继承人学术研究的转变方式上，看到恩格斯在这里所谈到的这种发展。亚里士多德是古希腊哲学的集大成者，他是柏拉图学园中的"学园之灵"。在与柏拉图分道扬镳之后，亚里士多德还在亚历山大的支持下创建了自己的学园，即吕克昂学园。亚里士多德被誉为"古代的黑格尔"，因为他的研究几乎有着像黑格尔那样教科书式的权威。亚里士多德还被恩格斯誉为古希腊"最博学的人物"和"百科全书式的学者"，因为他所涉猎的研究领域非常广阔，几乎是无所不包的。亚历山大是亚里士多德的老师。据说，在亚历山大东征途中，他都带着大批的动植物学家、勘探员随行，每到一地，就会收集当地的动植物标本，寄给亚里士多德，供其进行学术研究。

罗马人安德罗尼柯（罗得岛的）是吕克昂学园的第十一代掌门人，他用分门别类的方法对当时所能收集到的所有亚里士多德的旧稿、讲义和残篇进行了整理和编纂。他将物理学归类到一起，将修辞学归类到一起，将天文学归类到一起，但到最后，他发现有一些东西根本无法进行归类，这些东西是玄之又玄的、是研究存在之为存在和事物之为事物的"第一性原理"的，于是，他便采取了一个权宜之计，他将这些作品放到了"物理学"的后面，称为"物理学之后诸卷"，英文即Metaphysics。

把自然界分解为各个部分，把各种自然过程和自然对象分成一定的门类，对有机体的内部按其多种多样的解剖形态进行研究，这是最近400年来在认识自然界方面获得巨大进展的基本条件。但是，这种做法也给我们留下了一种习惯：把各种自然物和自然过程孤立起来，撇开宏大的总的联系去进行考察，因此，就不是从运动的状态，而是从静止的状态去考察；不是把它们看做本质上变化的东西，而是看做固定不变的东西；不是从活的状态，而是从死的状态去考察。这种考察方式被培根和洛克从自然科学中移植到哲学中以后，就造成了最近几个世纪所特有的局限性，即形而上学的思维方式。

【义释】形而上学有两层含义：一是片面、孤立和静止的思维方式；二是研究事物、存在、现象直接的本质和根据的哲学，即"关于终极原因和原则的科学"。恩格斯主要批判了前一种思维方式，而马克思则主要在《神圣家族》等文章中完成了对后一种思维方式的批判。而在本段中，恩格斯主要从褒贬两方面，评析了形而上学的第一种思维方式。

我们先看形而上学的第一层含义，即片面、孤立和静止的思维方式。从本质上讲，这个世界是一个有机关联在一起的整体。如果将世界比作一个人体，那么人体的各个器官都是有机关联在一起的。为了去研究这个人体，每个研究者都分得了一个器官。有的人专门研究胳膊，有的人专门研究眼睛，有的人专门研究鼻子……每个人都是一个专家，他会集中所有的时间和精力，专门研究某一个身体器官。这样做的好处就是，对各自分得的领域，研究得非常深入翔实透彻；但是，这样做有一个很大的缺陷，即当我们撇开整体性、联系性和动态性，用孤立化、析分化和静止化的方式所把握到的那个世界，是否是原本意义上的那个世界？就像我们将人的器官"眼睛"从人身体中取出之后，它是否还是那个取出之前的在人体之内的眼睛？

近代自然科学比较推崇这种形而上学的研究方法，在笛卡尔、洛克和培根那里，这种研究方法得到了极大的发展。从词源上来讲，scissors（剪刀）和science（科学）有着共同的词根sci-，它们都有将整体剪开或切成部分的意思。但实际上，片面、静止和孤立的形而上学思维方式，只是一种权宜之计，是一种不得已而为之的方法，它有着方法论上的局限性。

形而上学还有另外一层含义，即追求关于事物、存在、现象直接的本质和根据，是"关于终极原因和原则的科学"。恩格斯在这里并没有涉及形而上学的第二层含义，但我们仍要介绍一下。古希腊哲学家，如毕达哥拉斯和柏拉图，将世界二重化为可感世界和可知世界。可感世界，可感而不可知；可知世界，可知而不可感。可知世界是可感世界产生的原因，可感世界出于可知世界，它是可知世界的摹本或映象。现实可感世界中的各种各样的圆，来自于那个可知世界中的圆的理念，圆的理念才是本质。在现实的可感世界中，人们永远无法经验到真正的圆，现实中的圆都是不完美、不规则的，甚至都不能称为圆。因此，我们并非通过经验的方法，从可感世界中总结归纳出了真正的圆，相反，可感世界中的圆是由可知世界中的圆派生来的。与可感世界相比，可知世界的圆要更加真实、完美。

彭罗斯在《皇帝新脑》中有一段话，很好地诠释了这种形而上学的观点,他指出:"依柏拉图的观点,纯粹几何的对象——直线、圆周、三角形和平面等等——在实际的物理世界中只能近似地得到实现。而那些纯粹几何在数学上的精确对象居住在一个不同的世界里——数学观念的柏拉图的理想世界中。柏拉图的世界不包括有可感觉的对象,而只包括'数学的东西'。我们不是通过物理的方法,而是通过智慧来和这个世界接触。只要人的头脑沉思于数学真理,用数学推理和直觉去理解,就和柏拉图世界有了接触。这个理想世界被认为和我们外部经验的物理世界不同,虽然比它更完美,但却是一样地实在。这样,可以单纯地用思维来研究欧几里德几何,并由此推导其许多性质,而外部经验的'不完美的'世界不必要刚好符合这些观念。"①实际上,无论是巴门尼德、毕达哥拉斯,还是柏拉图,以及近代的笛卡尔、莱布尼茨等,都是这种形而上学的坚定拥趸。

马克思主要批判了形而上学的第二种思维方式。在《神圣家族》中,马克思指出:"如果我从现实的苹果、梨、草莓、扁桃中得出'果品'这个一般的观念,如果我再进一步想象,我从各种现实的果实中得到的'果品'这个抽象观念就是存在于我之外的一种本质,而且是梨、苹果等等的真正的本质,那么我就宣布(用思辨的语言来表达)'果品'是梨、苹果、扁桃等等的'实体'。因此,我说,对梨说来,梨之成为梨,是非本质的;对苹果说来,苹果之成为苹果,也是非本质的。这些物的本质的东西并不是它们的可以用感官感触得到的现实的定在,而是我从它们中抽象出来并强加于它们的本质,即我的观念的本质——'果品'。于是,我就宣布,苹果、梨、扁桃等等是'果品'的

---

① [英]罗杰·彭罗斯:《皇帝新脑》,许明贤、吴忠超译,湖南科学技术出版社1998年版,第182页。

单纯的存在形式，是它的样态。诚然，我的有限的、有感觉支持的理智能把苹果和梨、梨和扁桃区别开来，但是我的思辨的理性却宣称这些感性的差别是非本质的、无关紧要的。思辨的理性在苹果和梨中看出了共同的东西，在梨和扁桃中看出了共同的东西，这就是'果品'。各种特殊的现实的果实从此就只是虚幻的果实，而它们的真正的本质则是'果品'这个'实体'。"[①]在形而上学者看来，"果品"是苹果、梨、扁桃等的实体，苹果、梨、扁桃等只是这个实体的具体表现样态。各种水果的样态在"果品"这个实体中达到了抽象同一性，然而却抹杀了各种不同水果的独特性、直接性。因此，这种同一性，只是一种知性或形式上的同一，它是主体设定起来的，是一种反思着的自身联系和中介着的自我规定，而并不就是在具体水果的杂多样态之中存在着的。我们经常说认识事物的本质，其实并不就是存在一个隐藏于事物本身中的实体对象，而是说，我们的知性根本无法停留在事物的直接性里，就像我们不能直接用肉眼看太阳一样，我们只能通过某种中介的方式，间接地让阳光映射到另外一个介质上，进而通过这个介质把握太阳。在知性看来，这个介质就是事物的本质。

在《哲学的贫困》中，马克思指出："用这种方法抽去每一个主体的一切有生命的或无生命的所谓偶性，人或物，我们就有理由说，在最后的抽象中，作为实体的将只是一些逻辑范畴。所以形而上学者也就有理由说，世界上的事物是逻辑范畴这块底布上绣成的花卉；他们在进行这些抽象时，自以为在进行分析，他们越来越远离物体，而自以为越来越接近，以至于深入物体。哲学家和基督徒不同之处在于：基督徒

[①] 《马克思恩格斯文集》（第1卷），人民出版社2009年版，第276—277页。

只有一个逻各斯的化身,不管什么逻辑不逻辑;而哲学家则有无数化身。"①在马克思看来,形而上学将对世界进行表征所用的概念、逻辑和推理等,完全等同于世界本身,用"存在者"代替了"存在"。如果"存在"是这个世界的"主语",那么,形而上学则试图用本质主义的方式将"存在"规定为某种"存在者",并将"存在者"看成是一种独立的东西,而"存在"却变成了由"存在者"派生出来的东西,这样就导致了"越远离物体就是日益接近物体和深入事物"的悖论。世界本身既可以在任何一种规定中得到诉说,而且这种诉说必然具有一定的真理性,但同时,我们也应该自觉到,这种具有真理性的说明并不就是真理本身。如果将主谓颠倒,反客为主地认为,这个"存在者"就是世界本身,从而可以一劳永逸地把握事物的本质的话,这就是典型的形而上学。

按照传统的观点,"本质"应该是现象被抽象、思辨之后的那个东西,很少有人会认为,可以直观到本质,通常我们直观到的只是现象或感觉。但实际上,感觉材料才应该是最饱满的,是那个"存在"本身,我用眼睛看到的桌子的红色的那种感觉,是独一无二的,是最饱满的,是用任何抽象以后的数学或者逻辑说明不了的。

此外,形而上学还有一种构筑体系的冲动,在某个被构筑起来的体系之中,万事万物可以都囊括进来,并得到一劳永逸的解释。尼采指出:"把某种未知的东西归结为某种已知的东西令人放松、平静、宽慰,此外,还可以给人以一种力量感。面对未知的东西,人们会感到危险、不安和忧虑,——第一个本能就是要消除这些痛苦的状况。第一条

---

① 《马克思恩格斯文集》(第1卷),人民出版社2009年版,第600页。

原则：随便什么解释都比没有解释好。因为从根本上说就是要摆脱压抑的观念，所以，人们并不特别严格地看待消除这些观念的手段。人们用以把未知物解释为已知物的第一个观念做得如此之好，以致人们将其'视为真理'。喜悦（'力量'）的证明被看作是真理的标准——可见，原因冲突是由恐惧感引起的。"① 实际上，体系只是迎合认知需要的一种提纲挈领式的把握。世界本身无所谓是不是以体系的方式存在着，体系"产生于人类精神的永恒需要，即克服一切矛盾的需要"，在完满的体系中，人们才会得到某种内心的宽慰。换句话说，我们在体系中建构起了主体与客体之间的关系，体系可以让我们认为，我们已经能够理解这个世界了，我们不再慑服于这个杂乱无章和变动不居的世界，世界在体系之中俨然已变成"属人的世界"。但是，从唯物辩证法的视角来看，任何时代对体系的绝对性把握都是徒劳的和枉然的。

> 在形而上学者看来，事物及其在思想上的反映即概念，是孤立的、应当逐个地和分别地加以考察的、固定的、僵硬的、一成不变的研究对象。他们在绝对不相容的对立中思维；他们的说法是："是就是，不是就不是；除此以外，都是鬼话。"在他们看来，一个事物要么存在，要么就不存在；同样，一个事物不能同时是自身又是别的东西。正和负是绝对互相排斥的；原因和结果也同样是处于僵硬的相互对立中。初看起来，这种思维方式对我们来说似乎是极容易理解的，因为它是合乎所谓常识的。然而，常识在日常应用的范围内虽然是极可尊敬

---

① [德]尼采：《偶像的黄昏》，李超杰译，商务印书馆2020年版，第37页。

的东西,但它一跨入广阔的研究领域,就会碰到极为惊人的变故。形而上学的考察方式,虽然在相当广泛的、各依对象性质而大小不同的领域中是合理的,甚至必要的,可是它每一次迟早都要达到一个界限,一超过这个界限,它就会变成片面的、狭隘的、抽象的,并且陷入无法解决的矛盾,因为它看到一个一个的事物,忘记它们互相间的联系;看到它们的存在,忘记它们的生成和消逝;看到它们的静止,忘记它们的运动;因为它只见树木,不见森林。例如,在日常生活中,我们知道并且可以肯定地说,某一动物存在还是不存在;但是,在进行较精确的研究时,我们就发现,这有时是极其复杂的事情。这一点法学家们知道得很清楚,他们为了判定在子宫内杀死胎儿是否算是谋杀,曾绞尽脑汁去寻找一条合理的界限,结果总是徒劳。同样,要确定死亡的那一时刻也是不可能的,因为生理学证明,死亡并不是突然的、一瞬间的事情,而是一个很长的过程。同样,任何一个有机体,在每一瞬间都既是它本身,又不是它本身;在每一瞬间,它消化着外界供给的物质,并排泄出其他物质;在每一瞬间,它的机体中都有细胞在死亡,也有新的细胞在形成;经过或长或短的一段时间,这个机体的物质便完全更新了,由其他物质的原子代替了,所以,每个有机体永远是它本身,同时又是别的东西。在进行较精确的考察时,我们也发现,某种对立的两极,例如正和负,既是彼此对立的,又是彼此不可分离的,而且不管它们如何对立,它们总是互相渗透的;同样,原因和结果这两个概念,只有应用于个别场合时才有其本来的意义;可是,只要我们把这种个别的场合放到它同宇宙的总联系中来考察，这两个概念就交汇起来，融合在普遍相互作用的看法中，而在这种相互作用中，原因和结果经常交换位置；在此时或此地是结果的，在彼时或彼地就成了原因，反之亦然。

【义释】在这一大段中，恩格斯从辩证法的视角批判了形而上学两极对立的思维。形而上学总是将世界析分化之后，在二元对立中进行思维。身体与心灵是二元对立的，身体是可有可无的，心灵被幽闭在身体之中，心灵才是本质。理性与情感是二元对立的，认知过程非但与情感无涉，情感反而会干扰到认知，因此，与情感相比，理性才是本质。同样，原因与结果、本质与现象、形式与内容等，都是二元对立、界限分明的。因此，恩格斯在这里讲，按照形而上学的思维原则，"是就是、不是就不是；除此以外，都是鬼话"[1]。

恩格斯说："初看起来，这种思维方式对我们来说似乎是极容易理解的，因为它是合乎所谓常识的。然而，常识在日常应用的范围内虽然是极可尊敬的东西，但它一跨入广阔的研究领域，就会碰到极为惊人的变故。"[2]无论是"同一性"的思维方式，还是"二元对立"的思维方式，似乎都非常合乎我们的日常生活，比如，我们经常讲：我就是我，情感与理性是对立的。这些都是我们熟知的日常用语，在现实生活中用起来似乎也并没有什么不妥，但是，细究起来，我之为我的"自身同一性"如何得到保证？究竟是用生物机体，还是用思想来确证这种所谓的自身同一性？如果连这种自身同一性都无法确证的话，那么任何建构于

---

[1]《马克思恩格斯文集》（第3卷），人民出版社2009年版，第539—540页。
[2]《马克思恩格斯文集》（第3卷），人民出版社2009年版，第540页。

其上的法律、伦理等是否也就都失去了合法性？因为我们可以以昨天的"我"并非今天的"我"为由，来推脱"我"昨天所犯下的罪行。在黑格尔看来，"这种同一，就其坚持同一，脱离差别来说，只是形式的或知性的同一。换言之，抽象作用就是建立这种形式的同一性并将一个本身具体的事物转变成这种简单性形式的作用。有两种方式足以导致这种情形：或者通过所谓分析作用丢掉具体事物所具有的一部分多样性而只举出其一种；或是抹煞多样性之间的差异性，而把多种规定性合为一种"①。

情感与理性的二元对立，实际上也只是我们知性思维的一种主观设定。人或事物在本然的意义上，并不就是以二元对立的方式存在着。正如黑格尔所言："无论在天上或地上，无论在精神界或自然界，绝没有象知性所坚持的那种'非此即彼'的抽象东西。"我们在认知的过程中，不可能完全做到理性主义或客观主义，真正的理性本身就应该是一种有情感的认知。我们在认知一个事物时，总是在某种视域中认知，总是带着某种情感性去认知，总是在某种文化背景之下去认知，如果脱离这种视域性、情感性和背景性，人所特有的那种意向性的认知就不可能建构起来。正如海德格尔所说："我们称之为情的东西，倒比理性更理性些，这就是说，更富有感知，因为它对存在更加开放。""主流认识论赋予纯粹静观以优先地位，这种纯粹静观相当于纯粹理性的认知，与此同时，感情、感受、情绪都被排除在理性认识之外，在认知活动中，它们似乎只是负面的干扰作用。理性认识是客观认知，情绪却总是主观的，是我们涂到客观事物之上的一层'情绪色彩'。海德格尔把这视作

---

① [德]黑格尔：《小逻辑》，贺麟译，商务印书馆1980年版，第247页。

浅薄之见。我们并非先认识事物的客观性状，然后再做出好坏美丑的判断，把这类感情涂抹到客观事物上去。我们一上来就是带有好坏美丑这些感受认识事物的，例如，这头机灵的小鹿，那道可口的点心，这股恶臭，那个猥琐的家伙。当然，为了达到某种类型的认识，例如科学认识，我们需要把认知中的感情成分剔除出去，但如此这般得到的所谓客观认识，只是人类认知的一种衍生形式。"[1]

主体与客体的二元对立，也是形而上学式的思维。胡塞尔、海德格尔等主要是从现象学的视角对主客二元对立展开的批判。如胡塞尔的"意向性"理论认为，意识总是以"意识到……"的结构存在，意识并不是一个容器，并不是跟这个世界没有关系，如果没有对象的指向性，意识就不能存在。对象之所以对我们来讲是对象，是因为主体的意义给予的作用，正是主体的解释才能使得对象显现成为对象。"人们并不是纯粹地爱，害怕，看见，判断；而是爱所爱的，害怕可怕的，看见某个对象，判断某个事态。无论我们谈论的是感知、思想、判断、幻想、怀疑、期待、还是回忆，所有这些形式的意识都有这个特征，即这些意识总是意向着某些对象。如果不考虑他们的相关物，即那些被感知的、被怀疑的和被期待的对象，就不能正确地分析那些意识。"[2]而胡塞尔的弟子海德格尔则用"上手"和"在手"来打破主客二元对立。"在海德格尔的存在论里，具有优先地位的不是现成事物，而是锤子、钉子、木板这样的用具、器物。此在首先操劳于世界之中，这些操劳已经包含了对世界的认识。要想知道锤子是什么，知道锤子的性质，我们靠的不是盯着锤子看，靠的是使用锤子，用锤子来锤。使用里已经包含着认识，

---

[1] 陈嘉映：《走出唯一真理观》，上海文艺出版社2020年版，第373页。
[2] [丹麦]丹·扎哈维：《胡塞尔现象学》，李忠伟译，上海译文出版社，2007年版，第8页。

使用不是盲目的，它有它自己去看的方式。而且，恰恰是我们使用锤子之际，我们对锤子有最源始最真切的认知。"①实际上，近代的自然科学就是建构在这种主体与客体二元对立的形而上学基础之上的。

事实上，无论是自我同一性，事物之间的同一性，还是二元对立的思维方式等，都只是我们知性思维的一种主观设定，它是一种理想态。事物存在的本然样子并非就是如此。实际上，近代自然科学与日常应用范围内的常识并无二致，它们都遵循着这种形而上学的思维方式。黑格尔指出："在物理学中所盛行的两极观念似乎包含了关于对立的比较正确的界说。但物理学关于思想的方式却仍遵循通常的逻辑。假如物理学将它的两极观念发挥出来，充分发展两极所蕴含的思想，那末，它一定会感到惊骇。"②

与形而上学的思维方式一样，逻辑也只是一种诉说和解释世界的语言，它应该被归类为认知科学。逻辑不是从来就有的，而是人类很晚才发明出来的。在逻辑被发明出来以前，人类照样可以展开对这个世界的认知，人类之间照样可以交流得很顺畅。在逻辑被发明出来之后，人对于世界的认识变得更便捷了，但却不一定更明晰。逻辑并不是人类正确认识世界的决定性因素。罗素曾对柏拉图的那种形而上学批判指出："柏拉图是把见与不见、知与不知这样的一些逻辑的对立应用于不断变化的过程，而得到他的结果的。可是这些对立却并不适用于描述这一类的过程。假设在一个大雾弥漫的日子里，你注视着一个人从你的身边沿着大路走下去：他变得越来越模糊，终于到了一个时候你可以确定你是看不见他了，但是其间却还有一段疑惑不定的中间时期。逻辑的对立乃

---

① 陈嘉映：《走出唯一真理观》，上海文艺出版社2020年版，第372页。
② [德]黑格尔：《小逻辑》，贺麟译，商务印书馆1980年版，第256页。

是为了我们的方便而被创造出来的，但是不断的变化却需要有一种计量的工具，而柏拉图却忽略了这种可能性。"①

与逻辑一样，我们在原初意义上，也并不是以数学方式来表征的。逻辑学与数学本身就缺乏自明性，真正的自明性恰恰是前逻辑或者超逻辑的，就像由直观所把握到的知识就是超逻辑的。但是，我们经常将逻辑和数学中的那种界限分明，看成是客观对象本身所固有的。逻辑和数学可以帮助我们从"此岸"到达"彼岸"，可以便于主客之间建立起某种关联性。在这种关联性中，主体得到了某种慰藉和满足。但是，我们应该自觉到，逻辑和数学并不就是这个世界本身，它永远无法代替事物本身的那种直接性、丰富性。

实际上，无论是形而上学，还是逻辑、数学等，都只是人类在某个阶段为这个世界编织出的一张意义之网，这张意义之网既是人类得以安身立命的母体，也是人类真正把握这个世界的桎梏，人类就是被悬挂在这张自我编织的意义之网上的动物。辩证法可以实现我们对这张编织起来的意义之网的理论自觉。

> 所有这些过程和思维方法都是形而上学思维的框子所容纳不下的。相反，对辩证法来说，上述过程正好证明它的方法是正确的，因为辩证法在考察事物及其在观念上的反映时，本质上是从它们的联系、它们的联结、它们的运动、它们的产生和消逝方面去考察的。自然界是检验辩证法的试金石，而且我们必须说，现代自然科学为这种检验提供了极其丰富的、与日俱

---

① [英]罗素：《西方哲学史》（上卷），何兆武、李约瑟译，商务印书馆1963年版，第202页。

增的材料，并从而证明了，自然界的一切归根到底是辩证地而不是形而上学地发生的；自然界不是循着一个永远一样的不断重复的圆圈运动，而是经历着实在的历史。这里首先就应当提到达尔文，他极其有力地打击了形而上学的自然观，因为他证明了今天的整个有机界，植物和动物，因而也包括人类在内，都是延续了几百万年的发展过程的产物。可是，由于学会辩证地思维的自然科学家到现在还屈指可数，所以，现在理论自然科学中普遍存在的并使教师和学生、作者和读者同样感到绝望的那种无限混乱的状态，完全可以从已经发现的成果和传统的思维方式之间的这个冲突中得到说明。

【义释】恩格斯指出："所有这些过程和思维方法都是形而上学思维的框子所容纳不下的。"[①]实际上，无论是形而上学片面、孤立和静止的思维方式，还是本质主义、观念化的思维方式，都是一种主体把握世界的工具，或者说是一种权宜之计，而世界本身并不就是以这样的方式存在着。与世界本身的杂多性、丰富性和直接性相比，形而上学总是确然性的、理想态的，因而它必定是灰色的、干瘪的。世界本身的丰富性、饱满性和含混性，是形而上学思维的框子所容纳不下的。而辩证法是动态的，它恰恰可以自觉到形而上学的这种局限性。正如胡塞尔所指出的："正如描述性的自然科学家那样，几何学家对实际上感性的可直观形状不感兴趣。他不像前者那样，会形成那些含混的构造类型的形态学概念，那些类型在感性直观的基础上直接被把握，并且，在其含混性

[①] 《马克思恩格斯文集》（第3卷），人民出版社2009年版，第541页。

中被概念化和术语化地固定下来。这种概念的含混性，它们应用领域变动的情况，并造成它们的缺陷；因为在其被用到的知识领域中，它们是绝对不可缺少的，或者在那些领域中，它们是唯一的合法概念。如果目标是给予直观性被给予的物理事物的直观性被给予的本质特征以合适的概念性表达，就恰恰意味着前者必须按所给予的样子被看待。并且，它们正是被作为变动的而被给予的；且典型的本质只有在直接性的分析的本质直观中，才能够作为被它们体现的而被把握。最完美的几何学和对它最完美的实践把握，也不能使描述性的自然科学家以如此简单、易懂和完全合适的方式，用'锯齿状的''圆齿状的''透镜形的''伞形的'等诸如此类的词语（用精确的代数概念）去表达——这些概念对他们来说都是本质上、而非偶然地，不精确的，从而也是非数学的。"[1]

前面我们也提到过，自然科学中惯常运用的思维方式与日常生活中的思维方式有某些共同性。比如，我们总是不加批判地使用因果规律，并认为因果规律是客观的。自然科学的一个不证自明的前提便是因果规律，科学家从不会考虑这个前提是否合法和牢靠的问题。但是，因果规律是否也有可能是主观建构起来的？如在休谟看来，因果规律可能并不是世界的某种客观属性，即使"太阳出来"与"石头发热"这两个事件经常无数次地前后相继地出现，即使样本足够大，也无法上升为这样一个判断，即"太阳出来是石头发热的原因"或者"石头发热是太阳出来的结果"。这种前后相继性的大概率事件，如何纵身一跃上升为具有普遍必然性的真理？

---

[1] [丹麦]丹·扎哈维：《胡塞尔现象学》，李忠伟译，上海译文出版社2007年版，第141—142页。

赖欣巴哈指出：人类总是倾向于甚至在他们还无法找到正确答案时就做出答案。特别是当科学的解释以谋求某种普遍性而不能成功时（如科学知识不足而导致失败时），想象就代替了正确的概括，即会提出一类朴素类比法的解释来满足要求普遍性的冲动。"普遍性的寻求被假解释所满足了。哲学就是从这个土地上兴起的。"①人类思维带有某种习惯性，甲和乙合作过几次之后，在这几次中乙都比较靠谱，于是甲就会惯性地认为，乙在这几次之后的合作中也一定会特别靠谱。但是，有没有可能乙只是在这前几次中比较靠谱，在以后永远不靠谱。或者说，有没有可能之前我们所看到的天鹅都是白色的，于是我们就会带着惯性，想当然地认为，世界上所有的天鹅都是白色的。

因果性的合法性是建立在人类习惯性的基础上的。我们无法从根本上证明因果关系是一种绝对理性、绝对无误的判断，而是一种"相信"或"习惯"。在现实生活中，我们依然可以说，太阳出来是石头发热的原因，石头发热是太阳出来的结果。但是，它的基础不是绝对理性的。休谟认为："如果理性没有任何的依据就能够构成我们的思想、如果思想是从头到尾都是由理性所构成的，那么我们根本不可能会相信任何东西，包括了直觉或演绎得出的任何真相在内。"试想一下，如果将世界上的人类统统换成人工智能，机器在没有见到事物的全部样貌之前，它们会不会用想象填补未经验到的事物，去追求一种普遍必然性？机器会不会在它们还无法找到正确答案时就做出答案？

---

① [德]汉斯·赖欣巴哈：《科学哲学的兴起》，伯尼译，商务印书馆2016年版，第9—10页。

因此，要精确地描绘宇宙、宇宙的发展和人类的发展，以及这种发展在人们头脑中的反映，就只有用辩证的方法，只有不断地注意生成和消逝之间、前进的变化和后退的变化之间的普遍相互作用才能做到。近代德国哲学一开始就是以这种精神进行活动的。康德一开始他的学术生涯，就把牛顿的稳定的太阳系和太阳系经过有名的第一推动后的永恒存在变成了历史的过程，即太阳和一切行星由旋转的星云团产生的过程。同时，他已经作出了这样的结论：太阳系的产生也预示着它将来的不可避免的灭亡。过了半个世纪，他的观点由拉普拉斯从数学上作出了证明；又过了半个世纪，分光镜证明了，在宇宙空间存在着凝聚程度不同的炽热的气团。

【义释】 在这一段中，恩格斯认为，康德就是他所谓的近代德国哲学中学会辩证思维的学者之一。将辩证法运用到自然科学研究中，确实也在康德那里结出了累累的硕果。康德在1755年的柯尼斯堡和莱比锡出版的著作《自然通史和天体论，或根据牛顿原理试论宇宙的结构和机械起源》中提出著名的"星云假说"，他认为，太阳系是从原始星云发展而来的。之后，拉普拉斯也提出了太阳系的构成的假说。后来这个假说是以两个人的名字命名的，即"康德—拉普拉斯星云假说"。1864年，英国天文学家威·哈金斯用光谱学方法对"康德—拉普拉斯星云假说"进行了证实。

在马克思恩格斯看来，不光自然界依照辩证法的方式在不断地生成和消逝，人类社会也是如此。马克思在《资本论》第1卷1872年第二版跋中指出："辩证法,在其神秘形式上,成了德国的时髦东西,因为它似乎使现存事物显得光彩。辩证法,在其合理形态上,引起资产阶级及其空论主义的代言人的恼怒和恐怖,因为辩证法在对现存事物的肯定的理解中同时包含对现存事物的否定的理解,即对现存事物的必然灭亡的理解;辩证法对每一种既成的形式都是从不断的运动中,因而也是从它的暂时性方面去理解;辩证法不崇拜任何东西,按其本质来说,它是批判的和革命的。使实际的资产者最深切地感到资本主义社会是充满矛盾的运动的,是现代工业所经历的周期循环的各个变动,而这种变动的顶点就是普遍危机。这个危机又要临头了,虽然它还处于预备阶段;由于它的舞台的广阔和它的作用的强烈,它甚至会把辩证法灌进新的神圣普鲁士德意志帝国的暴发户们的头脑里去。"①

> 这种近代德国哲学在黑格尔的体系中完成了。在这个体系中,黑格尔第一次——这是他的伟大功绩——把整个自然的、历史的和精神的世界描写为一个过程,即把它描写为处在不断的运动、变化、转变和发展中,并企图揭示这种运动和发展的内在联系。从这个观点来看,人类的历史已经不再是乱七八糟的、统统应当被这时已经成熟了的哲学理性的法庭所唾弃并最好尽快被人遗忘的毫无意义的暴力行为,而是人类本身的发展过程,而思维的任务现在就是要透过一切迷乱现象探索这一过程的逐步发展的阶段,并且透过一切表面的偶然性揭示这一过程的内在规律性。

---

① 《马克思恩格斯文集》(第5卷),人民出版社2009年版,第22页。

【义释】 在《历史哲学》中,黑格尔清晰地阐述了他所认为的整个历史走向:历史并不是杂乱无章的一堆各种事件的无意义堆积,"世界历史表现原则发展的阶程,那个原则的内容就是'自由'的意识。这些阶段进一步的肯定,依照它们的普遍的本质,属于逻辑,但是依照它们的具体形态,却属于'精神哲学'"①。同时,黑格尔认为,"在精神方面,最高的成就便是自知。一种进展不但达到直觉,而且达到思想——对于它自己明白的概念。这个最高成就,它必须而且注定要完成。但是这种完成同时便是它的解体,同时也是另一种精神、另一个世界历史民族、另一世界历史纪元的发生"。"世界历史在一般上说来,便是'精神'在时间里的发展,这好比'自然'便是'观念'在空间里的发展一样。"②

黑格尔的体系没有解决向自己提出的这个任务,这在这里没有多大关系。他的划时代的功绩是提出了这个任务。这不是任何个人所能解决的任务。虽然黑格尔和圣西门一样是当时最博学的人物,但是他毕竟受到了限制,首先是他自己的必然有限的知识的限制,其次是他那个时代的在广度和深度方面都同样有限的知识和见解的限制。但是,除此以外还有第三种限制。黑格尔是唯心主义者,就是说,在他看来,他头脑中的思想不是现实的事物和过程的或多或少抽象的反映,相反,在他看来,事物及其发展只是在世界出现以前已经以某种方式存在着的"观念"的现实化的反映。这样,一切都被头足倒置了,

---

① [德]黑格尔:《历史哲学》,王造时译,上海书店出版社2005年版,第52页。
② [德]黑格尔:《历史哲学》,王造时译,上海书店出版社2005年版,第66页。

世界的现实联系完全被颠倒了。所以，不论黑格尔如何正确地和天才地把握了一些个别的联系，但由于上述原因，就是在细节上也有许多东西不能不是牵强的、造作的、虚构的，一句话，被歪曲的。黑格尔的体系作为体系来说，是一次巨大的流产，但也是这类流产中的最后一次。就是说，它还包含着一个无法解决的内在矛盾：一方面，它以历史的观点作为基本前提，即把人类的历史看做一个发展过程，这个过程按其本性来说在认识上是不能由于所谓绝对真理的发现而结束的；但是另一方面，它又硬说它自己就是这种绝对真理的化身。关于自然和历史的无所不包的、最终完成的认识体系，是同辩证思维的基本规律相矛盾的；但是，这样说决不排除，相反倒包含下面一点，即对整个外部世界的有系统的认识是可以一代一代地取得巨大进展的。

【义释】这一段中，恩格斯主要从两个方面对黑格尔的历史贡献和历史局限性进行了评析。恩格斯认为，黑格尔试图用他的哲学描绘人类历史和自然界的发展规律，但他最终并没有完成这个任务。这主要是由三方面原因造成的：第一，黑格尔受到自己的必然有限的知识的限制；第二，黑格尔那个时代的在广度和深度方面都同样有限的知识和见解的限制；第三，黑格尔哲学是奠基在唯心主义基础之上的。

为什么"黑格尔的体系作为体系来说，是一次巨大的流产"？

第一，尽管黑格尔第一个全面地有意识地叙述了辩证法的一般运动形式，但是他的辩证法却是倒立着的。他以观念作为前提去研究历史，而不是以事实为基础去研究观念，因此，他的历史观也是一种典型的唯心史观。"在黑格尔看来,思维过程,即甚至被他在观念这一名称下转化为独立主体的思维过程,是现实事物的创造主,而现实事物只是思维过程的外部表现。"

第二,黑格尔的体系与方法是矛盾的,他的体系哲学的保守性大大削弱了其辩证法的革命性。黑格尔哲学的方法论是辩证法。黑格尔是这样评价自己所创立的辩证法的:"对于否定原则而言,没有东西是永恒不变的,没有东西是绝对神圣的,而且这否定原则能够冒一切事物的任何危险并承担一切事物的任何损失。"[1]在黑格尔看来,辩证法不崇拜任何事物,一切事物都是"绝对精神"的外化,认识永远处在螺旋上升之中,任何由认识所把握到的都是相对真理,而不是最终的绝对真理,一切事物都处在生成、发展到消逝的过程之中。一切都是暂时的,一切都不是终点,人类的认识和人类社会也并不会走向终结。从辩证法的方法论来看,黑格尔当然是具有革命性的。但是,尽管如此,黑格尔最终却未能逃出旧有的框框,他重新为自己建构了一个封闭的哲学体系,而且这个体系是终结的、完满的、无所不包的。这样黑格尔辩证法的革命性就与其体系哲学的保守性产生了"不可救药的内在矛盾"。在这个矛盾中,占主导地位的并不是他的方法,而是他的体系,这就大大削弱了辩证法的革命力量,甚至方法已经被体系扼杀了。

在《路德维希·费尔巴哈和德国古典哲学的终结》中,恩格斯这样评价黑格尔体系和方法论的对立,他指出:黑格尔"不得不去建立一个体系,而按照传统的要求,哲学体系是一定要以某种绝对真理来完成的。所以,黑格尔,特别是在《逻辑学》中,尽管如此强调这种永恒真

---

[1] [德]黑格尔:《精神现象学》(上卷),贺麟、王玖兴译,商务印书馆1979年版,第257页。

理不过是逻辑的或历史的过程本身，他还是觉得自己不得不给这个过程一个终点，因为他总得在某个地方结束他的体系。在《逻辑学》中，他可以再把这个终点作为起点，因为在这里，终点即绝对观念——它所以是绝对的，只是因为他关于这个观念绝对说不出什么来——'外化'也就是转化为自然界，然后在精神中，即在思维中和在历史中，再返回到自身。但是，要在全部哲学的终点上这样返回到起点，只有一条路可走。这就是把历史的终点设想成人类达到对这个绝对观念的认识，并宣布对绝对观念的这种认识已经在黑格尔的哲学中达到了。但是这样一来，黑格尔体系的全部教条内容就被宣布为绝对真理，这同他那消除一切教条东西的辩证方法是矛盾的；这样一来，革命的方面就被过分茂密的保守的方面所窒息。在哲学的认识上是这样，在历史的实践上也是这样"①。而在《反杜林论》中，恩格斯继续表达了其对体系哲学的拒斥，他指出："体系学在黑格尔以后就不可能有了。世界表现为一个统一的体系，即一个有联系的整体，这是显而易见的，但是要认识这个体系，必须先认识整个自然界和历史，这种认识人们永远不会达到。因此，谁要建立体系，他就只好用自己的臆造来填补那无数的空白，也就是说，只好不合理地幻想，玄想。"②

在黑格尔去世之后，他的体系与方法的这种矛盾性就更加鲜明了。青年黑格尔派，如施特劳斯、鲍威尔兄弟、赫斯、施蒂纳和费尔巴哈等，坚守着黑格尔的辩证法，他们力图从黑格尔的辩证方法论中引出革命的和无神论的结论。因此，他们既批判基督教，又批判当时的政治制度。老年黑格尔派，如加布勒、辛里克斯、罗生克兰兹等，则更加重视

---

① 《马克思恩格斯文集》（第4卷），人民出版社2009年版，第271页。
② 《马克思恩格斯文集》（第9卷），人民出版社2009年版，第346页。

黑格尔的体系哲学，因此，在学术上，他们的观点比较保守。在政治上，他们认为普鲁士的政治是符合黑格尔的理性的，因此，他们维护君主政体和官僚制度，不断为普鲁士的专制政权进行辩护，对酝酿中的民主革命持反对态度。在宗教上，他们维护基督教文化，支持教会，试图使黑格尔主义与福音派正教和保守政策相协调。

与黑格尔相比，马克思的辩证法就更具革命性和科学性。在这里我们所谓的"科学性"，并不仅仅是一个经验实证科学的问题，而更多的是指马克思辩证法的哲学意蕴。1872年，恩格斯在《论住宅问题》一文中首先使用了"科学社会主义"这一概念。他指出："德国科学社会主义的观点，即无产阶级必须采取政治行动，必须把实行无产阶级专政作为达到废除阶级并和阶级一起废除国家的过渡。这种观点在《共产主义宣言》中已经申述过并且以后又重述过无数次。"[1]恩格斯称社会主义为"科学"，并不是夸夸其谈，自吹自擂，这种科学性既体现于它的开放性之中，也体现于它的彻底性和革命性中。在《〈黑格尔法哲学批判〉导言》中，马克思指出："德国人的解放就是人的解放。这个解放的头脑就是哲学，它的心脏是无产阶级。哲学不消灭无产阶级，就不能够成为现实；无产阶级不把哲学变成现实，就不可能消灭自身。"[2]换句话说，马克思的辩证法并不会将共产主义视为一种完结了的社会形态，也并不会将无产阶级视作特殊的、超越于任何历史阶段的阶级。无产阶级的革命逻辑绝不是在推翻了资产阶级之后要成为新的统治阶级，无产阶级之所以起来革命，很大程度上是因为它自觉到了自身的历史使命，自觉到了辩证法，因此，它才会为而不恃，功成不居。它才会将自

---

[1] 《马克思恩格斯文集》（第3卷），人民出版社2009年版，第310页。
[2] 《马克思恩格斯文集》（第1卷），人民出版社2009年版，第18页。

身也视作辩证发展中的一个过程和环节,最终也要消灭的。同样,马克思也是从辩证的视角看待资产阶级的,他并不会将资产阶级或者资本主义社会看得一无是处,相反,它们都是辩证法发展的必要环节。在谈及当时的德国时,马克思指出,德国人"不仅苦于资本主义生产的发展,而且苦于资本主义生产的不发展"①。在《共产党宣言》中,这种辩证性体现得非常清楚:一方面,马克思褒扬了资产阶级在历史上起过的革命作用;另一方面,随着生产力的发展,资产阶级用来推翻封建制度的武器也会对准自己,资本主义的生产关系也会成为某种保守性和束缚性的力量。

同时,马克思的辩证法不是封闭的、僵化的、凝固不变的理论,而是开放的、发展的理论。恩格斯指出:"马克思的整个世界观不是教义,而是方法。它提供的不是现成的教条,而是进一步研究的出发点和供这种研究使用的方法。"②马克思的辩证法是建立在彻底性和开放性的基础之上的,因此他的辩证法才是真正革命性的、科学性的辩证法。

  一旦了解到以往的德国唯心主义是完全荒谬的,那就必然导致唯物主义,但是要注意,并不是导致18世纪的纯粹形而上学的、完全机械的唯物主义。同那种以天真的革命精神简单地抛弃以往的全部历史的做法相反,现代唯物主义把历史看做人类的发展过程,而它的任务就在于发现这个过程的运动规律。无论在18世纪的法国人那里,还是在黑格尔那里,占统治地位

---

① 《马克思恩格斯文集》(第5卷),人民出版社2009年版,第9页。
② 《马克思恩格斯文集》(第10卷),人民出版社2009年版,第691页。

的自然观都认为，自然界是一个沿着狭小的圆圈循环运动的、永远不变的整体，牛顿所说的永恒的天体和林耐所说的不变的有机物种也包含在其中。同这种自然观相反，现代唯物主义概括了自然科学的新近的进步，从这些进步来看，自然界同样也有自己的时间上的历史，天体和在适宜条件下生存在天体上的有机物种都是有生有灭的；至于循环，即使能够存在，其规模也要大得无比。在这两种情况下，现代唯物主义本质上都是辩证的，而且不再需要任何凌驾于其他科学之上的哲学了。一旦对每一门科学都提出要求，要它们弄清它们自己在事物以及关于事物的知识的总联系中的地位，关于总联系的任何特殊科学就是多余的了。于是，在以往的全部哲学中仍然独立存在的，就只有关于思维及其规律的学说——形式逻辑和辩证法。其他一切都归到关于自然和历史的实证科学中去了。

【义释】马克思实现了从辩证唯心主义哲学向辩证唯物主义哲学的转变。辩证唯物主义与18世纪的纯粹形而上学的、完全机械的唯物主义是大不相同的。在《关于费尔巴哈的提纲》中，马克思对两种唯物主义做过区分，同时也批判了黑格尔的唯心主义哲学，他指出："从前的一切唯物主义（包括费尔巴哈的唯物主义）的主要缺点是：对对象、现实、感性，只是从客体的或者直观的形式去理解，而不是把它们当做感性的人的活动，当做实践去理解，不是从主体方面去理解。因此，和唯物主义相反，唯心主义却把能动的方面抽象地发展了，当然，唯心主义是不知道现实的、感性的活动本身的。费尔巴哈想要研究跟思想客体确实不同的感性客体，但是他没有把人的活动本身理解为对象性的活动。"①在马克思看来，尽管以费尔巴哈为代表的旧唯物主义已经与黑格尔的唯心主义决裂，但他却保留了本质直观，目的是通过本质直观的方式去找寻普遍必然性。但是，费尔巴哈本质直观到的那个"物"，并不是"感性的人的活动"或者"实践"，而是惰性的物质。这种物质是没有历史性和实践性的。因此，经过费尔巴哈本质直观后所把握到的，依然是一个普遍必然性的概念。因此，马克思称费尔巴哈的这种唯物主义为形而上学的唯物主义。

与费尔巴哈的旧唯物主义不同，马克思辩证唯物主义中的那个"物"，是"感性的人的活动"或者"实践"，是主体化之后的那个"感性客体"，而并不就是"感性客体"本身。比如对人的本质的把握，如果按照费尔巴哈的思维方式，他会撇开历史的进程，直接去直观单个人的自然属性，进而会得到某种关于"类"的普遍必然性。而马克思则认为，"人的本质不是单个人所固有的抽象物，在其现实性上，它是一切社会关系的总和"②。换句话说，任何单个的人，都隶属于一定的社会形式。因此，人的本质总是属于一定社会形式或一定历史时期的人的本质，它并不是一个普遍必然性的概念。尽管马克思在《关于费尔巴哈的提纲》中还在用"人的本质"这样的普遍必然性概念，但是这个用法只是一种权宜之计，他只是保留了这个词语的形而上学的外观，但是从本质上，已经尝试着对这种人的本质的形而上学性进行阉割。《关于费尔巴哈的提纲》孕育着唯物史观的萌芽。马克思从形式和内容上向历史唯物主义的彻底转变，是在《德意志意识形态》中完成的。马克思在《德意志意识形态》中用"现实的人"代替了"人的本质"，并从唯

---

① 《马克思恩格斯选集》（第1卷），人民出版社2012年版，第133页。
② 《马克思恩格斯文集》（第1卷），人民出版社2009年版，第501页。

物史观的视角对这个概念做了界定。

> 但是，自然观的这种变革只能随着研究工作提供相应的实证的认识材料而实现，而在这期间一些在历史观上引起决定性转变的历史事实却老早就发生了。1831年在里昂发生了第一次工人起义；在1838—1842年，第一次全国性的工人运动，即英国宪章派的运动，达到了高潮。无产阶级和资产阶级之间的阶级斗争一方面随着大工业的发展，另一方面随着资产阶级新近取得的政治统治的发展，在欧洲最先进的国家的历史中升到了重要地位。事实日益令人信服地证明，资产阶级经济学关于资本和劳动的利益一致、关于自由竞争必将带来普遍和谐和人民的普遍福利的学说完全是撒谎。所有这些事实都再也不能置之不理了，同样，作为这些事实的理论表现（虽然是极不完备的表现）的法国和英国的社会主义也不能再置之不理了。但是，旧的、还没有被排除掉的唯心主义历史观不知道任何基于物质利益的阶级斗争，而且根本不知道任何物质利益；生产和一切经济关系，在它那里只是被当做"文化史"的从属因素顺便提一下。

【义释】恩格斯在这里指出："自然观的这种变革只能随着研究工作提供相应的实证的认识材料而实现，而在这期间一些在历史观上引起决定性转变的历史事实却老早就发生了。"[1]所谓的"历史事实"指的

---

[1] 《马克思恩格斯文集》（第3卷），人民出版社2009年版，第544页。

是19世纪早期欧洲工人的三大运动，即1831—1834年法国里昂的工人起义、1836年的英国宪章运动和1844年的德国西里西亚织工起义。三大工人运动标志着现代无产阶级已经作为一支独立的政治力量登上历史舞台。尽管这三大工人运动都遭到镇压，并最终以失败而告终，但是，三大工人运动冲击了资本主义制度，无产阶级提出了自己独立的政治经济要求，反对资产阶级的斗争由此进入一个新阶段。

历史并不是一些杂乱无章的无意义事件的简单堆积，也不是像黑格尔将历史视为自由意识的进步。在恩格斯看来，至今一切社会的历史都是阶级斗争的历史。阶级斗争是推动历史发展的直接动力，物质生产力是推动历史发展的根本动力。在物质生产力不断发展的基础之上，形成了统治阶级和被统治阶级的对立。资产阶级时代，使这种阶级对立简单化了，整个社会日益分裂为两大敌对的阵营，分裂为两大相互直接对立的阶级：资产阶级和无产阶级。

> 新的事实迫使人们对以往的全部历史作一番新的研究，结果发现：以往的全部历史，除原始状态外，都是阶级斗争的历史；这些互相斗争的社会阶级在任何时候都是生产关系和交换关系的产物，一句话，都是自己时代的经济关系的产物；因而每一时代的社会经济结构形成现实基础，每一个历史时期的由法的设施和政治设施以及宗教的、哲学的和其他的观念形式所构成的全部上层建筑，归根到底都应由这个基础来说明。黑格尔把历史观从形而上学中解放了出来，使它成为辩证的，可是他的历史观本质上是唯心主义的。现在，唯心主义从它的最后的避难所即历史观中被驱逐出去了，一种唯物主义的历史观被

提出来了，用人们的存在说明他们的意识，而不是像以往那样用人们的意识说明他们的存在这样一条道路已经找到了。

【义释】恩格斯在这里重申了1848年《共产党宣言》中的观点，而且在这里还特意对里面的观点做了补充，即除原始状态外，以往的全部历史都是阶级斗争的历史。同时，恩格斯保留了黑格尔历史观中的辩证法，又批判了其历史观的唯心主义，阐释了唯物主义的历史观。

因此，社会主义现在已经不再被看做某个天才头脑的偶然发现，而被看做两个历史地产生的阶级即无产阶级和资产阶级之间斗争的必然产物。它的任务不再是构想出一个尽可能完善的社会制度，而是研究必然产生这两个阶级及其相互斗争的那种历史的经济的过程；并在由此造成的经济状况中找出解决冲突的手段。可是，以往的社会主义同这种唯物主义历史观是不相容的，正如法国唯物主义的自然观同辩证法和近代自然科学不相容一样。以往的社会主义固然批判了现存的资本主义生产方式及其后果，但是，它不能说明这个生产方式，因而也就不能对付这个生产方式；它只能简单地把它当做坏东西抛弃掉。它越是激烈地反对同这种生产方式密不可分的对工人阶级的剥削，就越是不能明白指出，这种剥削是怎么回事，它是怎样产生的。但是，问题在于：一方面应当说明资本主义生产方式的历史联系和它在一定历史时期存在的必然性，从而说明它灭亡的必然性；另一方面应当揭露这种生产方式的一直还隐蔽着的内在性质。这已经由于剩余价值的发现而完成了。已经证明，

> 无偿劳动的占有是资本主义生产方式和通过这种生产方式对工人进行的剥削的基本形式；即使资本家按照劳动力作为商品在商品市场上所具有的全部价值来购买他的工人的劳动力，他从这种劳动力榨取的价值仍然比他对这种劳动力的支付要多；这种剩余价值归根到底构成了有产阶级手中日益增加的资本量由以积累起来的价值量。这样就说明了资本主义生产和资本生产的过程。

【义释】社会主义不是一个藏匿在某个角落之处的绝对真理，仿佛一经发现这个绝对真理之后，就可以高枕无忧地睡大觉，所有的人都会心向往之，趋之若鹜，资产阶级会放弃剥削，无产阶级也会放弃革命。过去之所以没有发现这个绝对真理，只不过是因为缺少天才人物以及他们天才般的头脑，如果这个天才人物早出现500年，人类就会在历史的迷雾中少挣扎500年。这是一种典型的英雄史观。另外，社会主义也不是通过理性思辨想象出来的，或者通过自上而下的方式建构起来的，仿佛理性越缜密、计划越周详，社会主义就会相应地建构得越完善。这是一种典型的唯心史观。

按照唯物主义辩证法的观点，资本主义的生产方式并不是一无是处的，不能将其一棍子打死，不能简单地当作坏的东西抛弃掉，它在一定历史时期也有其存在的必然性。一方面，资本主义社会创造了无与伦比的生产力，这种巨大的生产力为迈进社会主义社会打下了坚实的物质基础；另一方面，资本主义社会还创造了"相当的政治制度"，如代议制、竞争、新闻自由、资产阶级的法、资产阶级的自由和平等，所有这些都是社会主义可以继承下来的。

但是随着生产力的继续扩大，尤其是生产力与生产关系的矛盾运动，资本主义生产关系已经不符合生产力的发展要求，这时就需要打碎资本主义生产关系的束缚，代之以社会主义的生产关系，才能释放出更大的生产力。然而，打碎资本主义生产关系不是一个自然历史过程，而是有人的因素在，这个人的因素就是无产阶级。无产阶级，也就是现代工人，是社会生产力的直接使用者——虽然他们不是所有者。正因为他们是使用者而非所有者，因此他们才能够把社会生产力归还给社会所有。

恩格斯在这里所谓的"以往的社会主义"，指的是巴贝夫等人和三大空想社会主义者的社会主义。

> 这两个伟大的发现——唯物主义历史观和通过剩余价值揭开资本主义生产的秘密，都应当归功于马克思。由于这两个发现，社会主义变成了科学，现在首先要做的是对这门科学的一切细节和联系作进一步的探讨。

【义释】恩格斯认为，因为有了唯物史观和剩余价值规律这两大发现，才为社会主义从空想变为科学奠定了理论基础。而这两个伟大发现，都应该归功于马克思。1883年，恩格斯在马克思墓前的讲话中，再次重申了马克思的这两大贡献，他指出："正像达尔文发现有机界的发展规律一样，马克思发现了人类历史的发展规律，即历来为繁芜丛杂的意识形态所掩盖着的一个简单事实：人们首先必须吃、喝、住、穿，然后才能从事政治、科学、艺术、宗教等等；所以，直接的物质的生活资料的生产，从而一个民族或一个时代的一定的经济发展阶段，便构成基础，人们的国家设施、法的观点、艺术以至宗教观念，就是从这个基础上发展起来的，因而，也必须由这个基础来解释，而不是像过去那样做得相反。不仅如此，马克思还发现了现代资本主义生产方式和它所产生的资产阶级社会的特殊的运动规律。由于剩余价值的发现，这里就豁然开朗了，而先前无论资产阶级经济学家或者社会主义批评家所做的一切研究都只是在黑暗中摸索。"[1]

---

[1] 《马克思恩格斯文集》（第3卷），人民出版社2009年版，第601页。

"第三章"
义释

唯物主义历史观从下述原理出发：生产以及随生产而来的产品交换是一切社会制度的基础；在每个历史地出现的社会中，产品分配以及和它相伴随的社会之划分为阶级或等级，是由生产什么、怎样生产以及怎样交换产品来决定的。所以，一切社会变迁和政治变革的终极原因，不应当到人们的头脑中，到人们对永恒的真理和正义的日益增进的认识中去寻找，而应当到生产方式和交换方式的变更中去寻找；不应当到有关时代的哲学中去寻找，而应当到有关时代的经济中去寻找。对现存社会制度的不合理性和不公平、对"理性化为无稽，幸福变成苦痛"的日益觉醒的认识，只是一种征兆，表示在生产方法和交换形式中已经不知不觉地发生了变化，适合于早先的经济条件的社会制度已经不再同这些变化相适应了。同时这还说明，用来消除已经发现的弊病的手段，也必然以或多或少发展了的形式存在于已经发生变化的生产关系本身中。这些手段不应当从头脑中发明出来，而应当通过头脑从生产的现成物质事实中发现出来。

【义释】在黑格尔看来，"'观念'是各民族和世界的领袖，而'精神'，就是那位指导者的理性和必要的意志，无论过去和现在都是世界历史各大事变的推动者"。而像那些伟大的历史人物，如拿破仑，则是"绝对精神"的化身。1806年，耶拿战争结束，拿破仑以法国征服者的姿态骑马入城，当时黑格尔非但没有对作为"入侵者"的拿破仑表示丝毫的愤慨，反而对他敬慕不已，并称赞拿破仑是"骑在马背上的世界精神"。黑格尔说："我看见拿破仑，这个世界精神，在巡视全城。当我看见这样一个伟大人物时，真令我发生一种奇异的感觉。他骑在马背上，他在这里，集中在这一点上他要达到全世界、统治全世界。"[①]

在恩格斯看来，生产力决定生产关系，经济基础决定上层建筑，一切社会变迁和政治变革，不应该像黑格尔那样归结为"绝对精神"，也不应该像启蒙学者那样从对永恒的真理和正义的日益增进的认识中去寻找，更不应该像空想社会主义者那样寄托于某个天才或者英雄人物。人们头脑中的观念，只不过是现实中的冲突在思想上的不自觉的反映。因此，应该将社会变迁和政治变革还原到生产力这个根本的动力上来。

人们的思想意识、法的关系、婚姻制度等变化，也应该到社会经济方面去寻找动因。如历史上关于"人的本质"的认识，笛卡尔的"我思故我在"，是与资本主义大工业时代相适应的，而梅洛-庞蒂的"我在故我思"，及其思维方式从"我思"到"我能"的转变，则是与全球化资本主义或消费资本主义相适应的。再如，人类婚姻制度的变迁，也可以从各时代的经济或财产关系等方面做出说明。恩格斯认为，历史上主要有三种婚姻形式，即群婚制、对偶婚制和专偶制。其中，群婚制与蒙昧时代相适应，对偶婚制与野蛮时代相适应，而专偶制则与文明时代相适应。资本主义社会的专偶制家庭，"是建立在丈夫的统治之上的，其明显的目的就是生育有确凿无疑的生父的子女；而确定这种生父之所以必要，是因为子女将来要以亲生的继承人的资格继承他们父亲的财产"[②]。换句话说，专偶制家庭是在经济上占统治地位的男性为了保存

[①] [德]黑格尔：《精神现象学》（上卷），商务印书馆1962年版，第6页。
[②] 《马克思恩格斯文集》（第4卷），人民出版社2009年版，第73—74页。

和继承财产才建立起来的，而且他们会通过契约的形式和道德的说教将这种家庭形式固化下来。

显然，恩格斯在这里分析问题时，运用的依旧是唯物史观的方法论原则（恩格斯在这里将之表述为"唯物主义历史观"）。在1859年的《〈政治经济学批判〉序言》中，马克思有一大段表述，可以理解为对唯物史观所做的"经典概括"，他指出："人们在自己生活的社会生产中发生一定的、必然的、不以他们的意志为转移的关系，即同他们的物质生产力的一定发展阶段相适合的生产关系。这些生产关系的总和构成社会的经济结构，即有法律的和政治的上层建筑竖立其上并有一定的社会意识形式与之相适应的现实基础。物质生活的生产方式制约着整个社会生活、政治生活和精神生活的过程。不是人们的意识决定人们的存在，相反，是人们的社会存在决定人们的意识。社会的物质生产力发展到一定阶段，便同它们一直在其中运动的现存生产关系或财产关系（这只是生产关系的法律用语）发生矛盾。于是这些生产关系便由生产力的发展形式变成生产力的桎梏。那时社会革命的时代就到来了。随着经济基础的变革，全部庞大的上层建筑也或慢或快地发生变革。在考察这些变革时，必须时刻把下面两者区别开来：一种是生产的经济条件方面所发生的物质的、可以用自然科学的精确性指明的变革，一种是人们借以意识到这个冲突并力求把它克服的那些法律的、政治的、宗教的、艺术的或哲学的，简言之，意识形态的形式。我们判断一个人不能以他对自己的看法为根据，同样，我们判断这样一个变革时代也不能以它的意识为根据；相反，这个意识必须从物质生活的矛盾中，从社会生产力和生产关系的现存冲突中去解释。无论哪一个社会形态，在它所能容纳的全部生产力发挥出来以前，是决不会灭亡的；而新的更高的生产关系，在它的物质存在条件在旧社会的胎胞里成熟以前，是绝不会出现的。所以人类始终只提出自己能够解决的任务，因为只要仔细考察就可以发现，任务本身，只有在解决它的物质条件已经存在或者至少是在生成过程中的时候，才会产生。"①

那么，照此看来，现代社会主义是怎么回事呢？

现在大家几乎都承认，现存的社会制度是由现在的统治阶级即资产阶级创立的。资产阶级所固有的生产方式（从马克思以来称为资本主义生产方式），是同封建制度的地方特权、等级特权以及相互的人身束缚不相容的；资产阶级摧毁了封建制度，并且在它的废墟上建立了资产阶级的社会制度，建立了自由竞争、自由迁徙、商品占有者平等的王国，以及其他一切资产阶级的美妙东西。资本主义生产方式现在可以自由发展了。自从蒸汽和新的工具机把旧的工场手工业变成大工业以后，在资产阶级领导下造成的生产力，就以前所未闻的速度和前所未闻的规模发展起来了。但是，正如从前工场手工业以及在它影响下进一步发展了的手工业同封建的行会桎梏发生冲突一样，大工业得到比较充分的发展时就同资本主义生产方式对它的种种限制发生冲突了。新的生产力已经超过了这种生产力的资产阶级利用形式；生产力和生产方式之间的这种冲突，并不是像人的原罪和神的正义的冲突那样产生于人的头脑中，而是存在于事实中，客观地、在我们之外、甚至不依赖于引起这种冲突

---

① 《马克思恩格斯选集》（第2卷），人民出版社2012年版，第2—3页。

的那些人的意志或行动而存在着。现代社会主义不过是这种实际冲突在思想上的反映，是它在头脑中，首先是在那个直接吃到它的苦头的阶级即工人阶级的头脑中的观念上的反映。

【义释】生产工具是生产力最重要的标志。原始社会，人们用石锛、石斧等工具进行生产；奴隶社会，人们用铜斧、铜镰等生产工具；在封建社会，人们则用铁犁、耕牛和手推磨等生产工具；而在资本主义社会，蒸汽机的发明，使生产普遍实现了机械化。

手推磨产生的是以封建主为首的社会，蒸汽磨产生的是以工业资本家为首的社会。手推磨是封建社会落后生产力的表现形式，而蒸汽机以及各种机械设备的出现，使生产力迅速发展，使生产效率迅速提高，随后产生了打破束缚其发展的旧的生产关系、建立适合其发展的资本主义制度的内在要求，所以说蒸汽机是资本家的代表，也是工业社会的代表。

社会发展绝不会止步于资本主义生产方式。为了追求更多的剩余价值，提高劳动生产率，资本家会不断地改进生产工具，生产工具的改进，又进一步促进了生产力的发展。但是，像过去的旧的生产关系那样，资本主义生产关系已经变得太狭隘了，再也容纳不下新焕发出来的生产力。用恩格斯的表述就是，"正如从前工场手工业以及在它影响下进一步发展了的手工业同封建的行会桎梏发生冲突一样，大工业得到比较充分的发展时就同资本主义生产方式对它的种种限制发生冲突了"。[①]这样生产力和生产关系就产生了矛盾，资本主义周期性的经济

---

① 《马克思恩格斯文集》（第3卷），人民出版社2009年版，第548页。

危机就产生了。但是,依靠资本主义制度根本无法解决资本主义的经济危机。因此,只有通过阶级斗争,推翻资本主义制度,建立社会主义制度,用社会主义公有制代替资本主义私有制,才能使社会更好地组织生产,从而释放出更大的生产力。

现代社会主义是怎么回事呢？经过分析之后,恩格斯在段尾给出了答案：现代社会主义不过是这种实际冲突在思想上的反映,是它在头脑中,首先是在那个直接吃到它的苦头的阶级即工人阶级的头脑中的观念上的反映。在下面几段中,恩格斯阐释了这种冲突的具体表现。

> 那么,这种冲突表现在哪里呢？
> 在资本主义生产出现之前,即在中世纪,普遍地存在着以劳动者私人占有生产资料为基础的小生产：小农的即自由农或依附农的农业和城市的手工业。劳动资料——土地、农具、作坊、手工工具——都是个人的劳动资料,只供个人使用,因而必然是小的、简陋的、有限的。但是,正因为如此,它们也照例是属于生产者自己的。把这些分散的小的生产资料加以集中和扩大,把它们变成现代的强有力的生产杠杆,这正是资本主义生产方式及其承担者即资产阶级的历史作用。资产阶级怎样从15世纪起经过简单协作、工场手工业和大工业这三个阶段历史地实现了这种作用,马克思在《资本论》第四篇中已经作了详尽的阐述。但是,正如马克思在那里所证明的,资产阶级要是不把这些有限的生产资料从个人的生产资料变为社会化的即只能由一批人共同使用的生产资料,就不能把它们变成强大的生产力。纺纱机、机械织机和蒸汽锤代替了纺车、手工织机和

手工锻锤；需要成百上千的人进行协作的工厂代替了小作坊。同生产资料一样，生产本身也从一系列的个人行动变成了一系列的社会行动，而产品也从个人的产品变成了社会的产品。现在工厂所出产的纱、布、金属制品，都是许多工人的共同产品，都必须顺次经过他们的手，然后才变为成品。他们当中没有一个人能够说：这是我做的，这是我的产品。

【义释】封建社会是以小生产为社会基础的，生产形式以家庭为单位。"你耕田来我织布，你挑水来我浇园"等，很形象地描绘刻画了小农经济的这种特征。这种小生产经营规模小，生产条件简陋，缺乏必要的积累和储备能力，抵御天灾人祸的能力较弱。如果不把这些有限的生产资料从个人的生产资料变为社会化的，即由一批人共同使用的生产资料，就不能把它们变成强大的生产力。生产资料规模扩大了，工人之间就可以分工协作，生产效率自然也就会得到提高，生产力也就会更快地发展。当然，社会化是包括方方面面的，不只是生产资料使用的社会化，还包括生产过程的社会化和劳动产品的社会性质。用恩格斯在这里的表述就是："同生产资料一样，生产本身也从一系列的个人行动变成了一系列的社会行动，而产品也从个人的产品变成了社会的产品。"[①]

这个高度社会化的任务，是由资产阶级来完成的。从15世纪开始，资产阶级经过简单协作、工场手工业和机器大工业三个发展阶段，把这些分散的小的生产资料加以集中和扩大。这种社会化变成了现代的强有力的生产杠杆。

---

① 《马克思恩格斯文集》（第3卷），人民出版社2009年版，第549页。

但是，在自发的、无计划地逐渐形成的社会内部分工成了生产的基本形式的地方，这种分工就使产品具有商品的形式，而商品的相互交换，即买和卖，使个体生产者有可能满足自己的各式各样的需要。中世纪的情况就是这样。例如，农民把农产品卖给手工业者，从他们那里买得手工业品。在这种个体生产者即商品生产者的社会中，渗入了一种新的生产方式。它在整个社会中占支配地位的自发的无计划的分工中间，确立了在个别工厂里的有组织的有计划的分工；在个体生产旁边出现了社会化生产。两者的产品在同一市场上出卖，因而价格至少大体相等。但是，有计划的组织要比自发的分工有力量；采用社会化劳动的工厂里所制造的产品，要比分散的小生产者所制造的便宜。个体生产在一个又一个的部门中遭到失败，社会化生产使全部旧的生产方式发生革命。但是它的这种革命性质并不为人所认识，结果它反而被用来当做提高和促进商品生产的手段。它的产生，是同商品生产和商品交换的一定的已经存在的杠杆即商人资本、手工业、雇佣劳动直接联系着的。由于它本身是作为商品生产的一种新形式出现的，所以商品生产的占有形式对它也保持着全部效力。

【义释】资本主义生产方式是在封建社会的母体中产生的。与封建社会的个体生产相比，社会化生产更有效率，它所生产的产品价格更加低廉。因此，当个体生产的产品与社会化生产的产品被拿到同一市场上买卖时，前者很容易被打败。因此，社会化生产就会逼促着全部旧的生产方式发生革命。

在中世纪得到发展的那种商品生产中,劳动产品应当属于谁的问题根本不可能发生。当时个体生产者通常都用自己所有的、往往是自己生产的原料,用自己的劳动资料,用自己或家属的手工劳动来制造产品。这样的产品根本用不着他去占有,它自然是属于他的。因此,产品的所有权是以自己的劳动为基础的。即使利用过别人的帮助,这种帮助通常也是次要的,而且往往除工资以外还得到别的报酬:行会的学徒和帮工与其说是为了吃饭和挣钱而劳动,不如说是为了自己学成手艺当师傅而劳动。后来生产资料开始集中在大的作坊和手工工场中,开始变为真正社会化的生产资料。但是,这些社会化的生产资料和产品还像从前一样仍被当做个人的生产资料和产品来处理。从前,劳动资料的占有者占有产品,因为这些产品通常是他自己的产品,别人的辅助劳动是一种例外,而现在,劳动资料的占有者还继续占有产品,虽然这些产品已经不是他的产品,而完全是别人劳动的产品了。这样,现在按社会化方式生产的产品已经不归那些真正使用生产资料和真正生产这些产品的人占有,而是归资本家占有。生产资料和生产实质上已经社会化了。但是,它们仍然服从于这样一种占有形式,这种占有形式是以个体的私人生产为前提,因而在这种形式下每个人都占有自己的产品并把这个产品拿到市场上去出卖。生产方式虽然已经消灭了这一占有形式的前提,但是它仍然服从于这一占有形式。赋予新的生产方式以资本主义性质的这一矛盾,已经包含

101

着现代的一切冲突的萌芽。新的生产方式越是在一切有决定意义的生产部门和一切在经济上起决定作用的国家里占统治地位，并从而把个体生产排挤到无足轻重的残余地位，社会化生产和资本主义占有的不相容性，也必然越加鲜明地表现出来。

【义释】在封建社会，个体生产者通常都用自己所有的、往往是自己生产的原料，用自己的劳动资料，用自己或家属的手工劳动来制造产品。个体生产者或者他的家人几乎承包了所有的工序，他们自产自营自销，几乎不会招雇员工。用恩格斯在这里的表述就是：个体生产者"即使利用过别人的帮助，这种帮助通常也是次要的，而且往往除工资以外还得到别的报酬：行会的学徒和帮工与其说是为了吃饭和挣钱而劳动，不如说是为了自己学成手艺当师傅而劳动"[1]。

但是，随着产品越来越复杂，生产所需要的工序就会越来越多，一个产品其本身形成了产业链，社会化程度就会越来越高。因此，完成一件产品就不可能单纯依赖于一个生产者完成。这时社会化大生产就逐渐取代了那种个体化或者作坊式的小生产。生产越来越不再是私人的、小型化的，而是逐渐变成为整个社会相互合作、分工的大型的生产。社会采用了社会化大生产的方式，由这种社会化大生产所生产的产品也就相应地具有了社会的性质，但是与封建社会一样，劳动产品的占有形式却依然是旧的小生产方式下的占有形式，即资产阶级私人占有。唯一的区别就是，这种占有从封建贵族、小业主和地主的手里，转到了资本家的

---

[1] 《马克思恩格斯文集》（第3卷），人民出版社2009年版，第550页。

手里。因此，私人占有与资本主义社会化的生产方式就产生了矛盾，私人性与社会性就产生了矛盾。这样，冲突就不可避免地产生了，资本主义社会的基本矛盾就暴露出来了。

如上所述，最初的资本家就已经遇到了现成的雇佣劳动形式。但是，那时雇佣劳动是一种例外，一种副业，一种辅助办法，一种暂时措施。不时出去打短工的农业劳动者，都有自己的几亩土地，不得已时单靠这些土地也能生活。行会条例是要使今天的帮工明天可以成为师傅。但是，生产资料一旦变为社会化的生产资料并集中在资本家手中，情形就改变了。个体小生产者的生产资料和产品变得越来越没有价值；他们除了受雇于资本家就没有别的出路。雇佣劳动以前是一种例外和辅助办法，现在成了整个生产的通例和基本形式；以前是一种副业，现在成了工人的唯一职业。暂时的雇佣劳动者变成了终身的雇佣劳动者。此外，由于同时发生了封建制度的崩溃，封建主扈从人员被解散，农民被逐出自己的家园等等，终身的雇佣劳动者大量增加了。集中在资本家手中的生产资料和除了自己的劳动力以外一无所有的生产者彻底分离了。社会化生产和资本主义占有之间的矛盾表现为无产阶级和资产阶级的对立。

【义释】在小农经济占主导地位的历史阶段，农民个人或者至多在其家属的帮助下，完成产品的全部的生产过程，一般没有外部协作，属于个体劳动的性质。因为以家庭为生活单位，农民的生产通常是农业

103

和家庭手工业相结合，即所谓"男耕女织"，以满足自己衣食住行的基本生活需要，具有自给自足的自然经济性质。这时，"雇佣劳动是一种例外，一种副业，一种辅助办法，一种暂时措施。不时出去打短工的农业劳动者，都有自己的几亩土地，不得已时单靠这些土地也能生活"[①]。

但是，小农经济具有分散性、封闭性、自足性等特点，它规模狭小，农民缺乏积累和储备的能力，也没有预防天灾的能力，因此，他们很难经得起大风大浪，很容易就会成为其他统治阶级压迫和剥削的对象，最后走向贫困的极端。而靠雇佣农业工人经营农业以榨取剩余价值的农业资本家，其生产方式比较先进，生产规模也较大，生产效率比较高，因此，个体生产的农民根本无法与这些资本家竞争。如果说在农业时代，农民还能勉强依靠自己的一亩三分田实现自给自足，雇佣劳动还是一种例外、一种副业、一种辅助办法、一种暂时措施，那么在大工业时代，雇佣劳动就变成一种常态。他们被剥离人地的依附关系和人身的依附关系，被驱赶到城镇，成为无产者。他们放下耕地的锄头，拿起打螺丝的扳手，放下老式手工织布机上的梭子，按下现代新式织布机上的按钮。农民进城成为农民工，他们已经被断了退路。他们游走徘徊在劳动力市场中，脖子上挂着为自己开出薪资的牌子，他们除了自己的劳动力可以出卖之外，一无所有。这些无产者一旦失业，就意味着彻底地失去了生活来源和生存的依靠。这时雇佣劳动已经由例外变成通例和基本形式，由副业变成唯一职业，由辅助办法变成全部依赖，由暂时措施变成永久的方式。一句话，他们由暂时的雇佣劳动者变成了终身的雇佣

[①] 《马克思恩格斯文集》（第3卷），人民出版社2009年版，第551页。

劳动者，他们以及他们的子孙都被牢牢地钉铆在资本主义这架大型的机器上。

我们已经看到，资本主义生产方式渗入了商品生产者即通过自己产品的交换来实现社会联系的个体生产者的社会。但是，每个以商品生产为基础的社会都有一个特点：这里的生产者丧失了对他们自己的社会关系的控制。每个人都用自己偶然拥有的生产资料并为自己的特殊的交换需要而各自进行生产。谁也不知道，他的那种商品在市场上会出现多少，究竟需要多少；谁也不知道，他的个人产品是否真正为人所需要，是否能收回它的成本，到底是否能卖出去。社会生产的无政府状态占统治地位。但是，商品生产同任何其他生产形式一样，有其特殊的、固有的、和它分不开的规律；这些规律不顾无政府状态、在无政府状态中、通过无政府状态而为自己开辟道路。这些规律在社会联系的唯一继续存在的形式即交换中表现出来，并且作为竞争的强制规律对各个生产者发生作用。所以，这些规律起初连这些生产者也不知道，只是由于长期的经验才逐渐被他们发现。所以，这些规律是在不经过生产者并且同生产者对立的情况下，作为他们的生产形式的盲目起作用的自然规律而为自己开辟道路。产品支配着生产者。

【义释】资本主义的基本矛盾具体表现为，个别工厂中生产的组织性和整个社会生产的无政府状态之间的对立。这个基本矛盾起初是作为一种异己的、不可知的规律起作用的。用恩格斯的表述就是，"这些

105

规律起初连这些生产者也不知道，只是由于长期的经验才逐渐被他们发现"①。

在中世纪的社会里，特别是在最初几世纪，生产基本上是为了供自己消费。它主要只是满足生产者及其家属的需要。在那些有人身依附关系的地方，例如在农村中，生产还满足封建主的需要。因此，在这里没有交换，产品也不具有商品的性质。农民家庭差不多生产了自己所需要的一切：食物、用具和衣服。只有当他们在满足自己的需要并向封建主交纳实物贡赋以后还能生产更多的东西时，他们才开始生产商品；这种投入社会交换即拿去出卖的多余产品就成了商品。诚然，城市手工业者一开始就必然为交换而生产。但是，他们也自己生产自己所需要的大部分东西；他们有园圃和小块土地；他们在公共森林中放牧牲畜，并且从这些森林中取得木材和燃料；妇女纺麻，纺羊毛等等。以交换为目的的生产，即商品生产，还只是在形成中。因此，交换是有限的，市场是狭小的，生产方式是稳定的，地方和外界是隔绝的，地方内部是统一的；农村中有马尔克，城市中有行会。

但是，随着商品生产的扩展，特别是随着资本主义生产方式的出现，以前潜伏着的商品生产规律也就越来越公开、越来越有力地发挥作用了。旧日的束缚已经松弛，旧日的壁障已经突破，生产者日益变为独立的、分散的商品生产者了。社会生

———————
① 《马克思恩格斯文集》（第3卷），人民出版社2009年版，第552页。

产的无政府状态已经表现出来，并且越来越走向极端。但是，资本主义生产方式用来加剧社会生产中的这种无政府状态的主要工具正是无政府状态的直接对立物：每一单个生产企业中的生产作为社会化生产所具有的日益加强的组织性。资本主义生产方式利用这一杠杆结束了旧日的和平的稳定状态。它在哪一个工业部门被采用，就不容许任何旧的生产方法在那里和它并存。它在哪里控制了手工业，就把那里的旧的手工业消灭掉。劳动场地变成了战场。伟大的地理发现以及随之而来的殖民地的开拓使销售市场扩大了许多倍，并且加速了手工业向工场手工业的转化。斗争不仅爆发于地方的各个生产者之间；地方性的斗争又发展为全国性的，发展为17世纪和18世纪的商业战争。最后，大工业和世界市场的形成使这个斗争成为普遍的，同时使它具有了空前的剧烈性。在资本家和资本家之间，在工业部门和工业部门之间以及国家和国家之间，生死存亡都取决于天然的或人为的生产条件的优劣。失败者被无情地淘汰掉。这是从自然界加倍疯狂地搬到社会中来的达尔文的个体生存斗争。动物的自然状态竟表现为人类发展的顶点。社会化生产和资本主义占有之间的矛盾表现为个别工厂中生产的组织性和整个社会中生产的无政府状态之间的对立。

【义释】资本主义生产，一方面，是物质资料的再生产，即消耗机器设备和原材料，生产出新的产品。另一方面，是资本主义生产关系的再生产。工人得到报酬，购买生活资料，再生产了劳动力。资本家占有剩余价值，资本家出于追逐尽可能多的剩余价值的内在动力和迫于激烈竞争的外在压力，不得不将这些剩余价值再次转化为新的生产资料，扩大生产规模，这个过程也再生产了资本家。

同时，资本主义的发展，需要更多更低廉的原材料和更大更广阔的销售市场。这就使新航路的开辟和殖民掠夺与扩张成为可能。资本主义生产关系不断地被再生产出来，它将世界各国都纳入进来，把一切民族甚至最野蛮的民族都卷到文明中来了，最终形成了一个完整的资本主义世界政治体系、经济体系和殖民体系。正如马克思恩格斯在《共产党宣言》中所描述的那样："资产阶级，由于开拓了世界市场，使一切国家的生产和消费都成为世界性的了。使反动派大为惋惜的是，资产阶级挖掉了工业脚下的民族基础。古老的民族工业被消灭了，并且每天都还在被消灭。它们被新的工业排挤掉了，新的工业的建立已经成为一切文明民族的生命攸关的问题；这些工业所加工的，已经不是本地的原料，而是来自极其遥远的地区的原料；它们的产品不仅供本国消费，而且同时供世界各地消费。旧的、靠本国产品来满足的需要，被新的、要靠极其遥远的国家和地带的产品来满足的需要所代替了。过去那种地方的和民族的自给自足和闭关自守状态，被各民族的各方面的互相往来和各方面的互相依赖所代替了。"[①]这样就加大了资产阶级和无产阶级的规模，加剧了资产阶级与无产阶级之间的剥削与被剥削的关系。

恩格斯在这里指出："伟大的地理发现以及随之而来的殖民地的开拓使销售市场扩大了许多倍，并且加速了手工业向工场手工业的转化。斗争不仅爆发于地方的各个生产者之间；地方性的斗争又发展为全国性的，发展为17世纪和18世纪的商业战争。"[②]恩格斯所谓的"17世纪和

---

① 《马克思恩格斯文集》（第2卷），人民出版社2009年版，第35页。
② 《马克思恩格斯文集》（第3卷），人民出版社2009年版，第553页。

18世纪的商业战争",指的是欧洲各大国之间为争夺同印度和美洲通商以及殖民地市场而进行的一系列战争。最初主要的竞争国是英国和荷兰。17世纪下半叶,英国为争夺殖民地市场和海上霸权,同荷兰进行了三次战争。在后两次战争中,荷兰得到了法国的支持。后来决定性的战争在英国和法国之间展开。所有这些战争都以英国的胜利而结束。到18世纪末,在英国手中已经集中了几乎所有的世界贸易。

资本主义生产方式在它生而具有的矛盾的这两种表现形式中运动着,它毫无出路地处在早已为傅立叶所发现的"恶性循环"中。诚然,傅立叶在他那个时代还不能看到:这种循环在逐渐缩小;更确切地说,运动沿螺线行进,并且必然像行星的运动一样,由于同中心相碰撞而告终。社会的生产无政府状态的推动力使大多数人日益变为无产者,而无产者群众又将最终结束生产的无政府状态。社会的生产无政府状态的推动力,使大工业中的机器无止境地改进的可能性变成一种迫使每个工业资本家在遭受毁灭的威胁下不断改进自己的机器的强制性命令。但是,机器的改进就造成人的劳动的过剩。如果说机器的采用和增加意味着成百万的手工劳动者为少数机器劳动者所排挤,那么,机器的改进就意味着越来越多的机器劳动者本身受到排挤,而归根到底就意味着造成一批超过资本雇工的平均需要的、可供支配的雇佣劳动者,一支真正的产业后备军(我早在1845年就这样称呼他们),这支后备军在工业开足马力工作的时期可供随意支配,而由于随后必然到来的崩溃又被抛到街头,这支后备军任何时候都是工人阶级在自己同资本进行生存斗争中的绊脚石，是把工资抑制在合乎资本家需要的低水平上的调节器。这样一来，机器，用马克思的话来说，就成了资本用来对付工人阶级的最强有力的武器，劳动资料不断地夺走工人手中的生活资料，工人自己的产品变成了奴役工人的工具。于是，劳动资料的节约，一开始就同时成为对劳动力的最无情的浪费和对劳动发挥作用的正常条件的剥夺；机器这一缩短劳动时间的最有力的手段，变成了使工人及其家属一生的时间转化为可以随意用来增殖资本的劳动时间的最可靠的手段；于是，一部分人的过度劳动成了另一部分人失业的前提，而在全世界追逐新消费者的大工业，却在国内把群众的消费限制到忍饥挨饿这样一个最低水平，从而破坏了自己的国内市场。"使相对过剩人口或产业后备军同资本积累的规模和能力始终保持平衡的规律把工人钉在资本上，比赫斐斯塔司的楔子把普罗米修斯钉在岩石上钉得还要牢。这一规律制约着同资本积累相适应的贫困积累。因此，在一极是财富的积累，同时在另一极，即在把自己的产品作为资本来生产的阶级方面，是贫困、劳动折磨、受奴役、无知、粗野和道德堕落的积累。"（马克思《资本论》第671页）而期待资本主义生产方式有另一种产品分配，那就等于要求电池的电极和电池相联时不使水分解，不在阳极放出氧和在阴极放出氢。

【义释】"社会的生产无政府状态的推动力，使大工业中的机器无止境地改进的可能性变成一种迫使每个工业资本家在遭受毁灭的威胁下不断改进自己的机器的强制性命令。"①有人曾经有过这样的预想，未来的工厂里只有一个员工、一条狗，人是要喂养狗，狗是要看住人，不让他碰机器。除了这一个员工以外，其他的员工可能都会面临着失业，从而沦为产业后备军。

产业后备军是机器的改进和资本积累的必然产物。产业后备军，并不意味着劳动力的过剩，这种过剩只是相对过剩。就像资本主义社会的生产过剩，并不是绝对过剩，而只是相对过剩。在工厂开足马力工作的时候，这支产业后备军的存在，可以使资本家有充足的劳动力随意支配。而在生产力发展萎缩时，这支产业后备军的存在，又可以使工人阶级之间产生"内卷"。产业后备军让资本家有了威胁工人的可能，他们故意让工人的饭碗端不稳，让工人阶级不敢懈怠，并心甘情愿地去为资本家卖命。正像马克思在《资本论》中所指出的："使相对过剩人口或产业后备军同资本积累的规模和能力始终保持平衡的规律把工人钉在资本上，比赫斐斯塔司的楔子把普罗米修斯钉在岩石上钉得还要牢。这一规律制约着同资本积累相适应的贫困积累。因此，在一极是财富的积累，同时在另一极，即在把自己的产品作为资本来生产的阶级方面，是贫困、劳动折磨、受奴役、无知、粗野和道德堕落的积累。"②

> 我们已经看到，现代机器的已经达到极高程度的改进的可能性，怎样由于社会中的生产无政府状态而变成一种迫使各个工业资本家不断改进自己的机器、不断提高机器的生产能力的强制性命令。对资本家来说，扩大自己的生产规模的单纯的实

---

① 《马克思恩格斯文集》（第3卷），人民出版社2009年版，第554页。
② 《马克思恩格斯文集》（第5卷），人民出版社2009年版，第743—744页。

际可能性也变成了同样的强制性命令。大工业的巨大的扩张力——气体的膨胀力同它相比简直是儿戏——现在在我们面前表现为不顾任何反作用力而在质量上和数量上进行扩张的需要。这种反作用力是由大工业产品的消费、销路、市场形成的。但是，市场向广度和深度扩张的能力首先是受完全不同的、力量弱得多的规律支配的。市场的扩张赶不上生产的扩张。冲突成为不可避免的了，而且，因为它在把资本主义生产方式本身炸毁以前不能使矛盾得到解决，所以它就成为周期性的了。资本主义生产造成了新的"恶性循环"。

【义释】为了追求更多的剩余价值，资本家必须要不断地扩大生产规模，严格约束工人，改进自己的机器，不断提高机器的生产能力。对资本家而言，这已经变成了一种强制性的命令。因为只有这样，才能降低成本，维持较低廉的价格，在竞争中获得优势，占得上风，从而攫取更多的利益。否则，他们很快就会破产灭亡，成为竞争中的牺牲者。单个的私有企业在生产中的有组织性，在整个社会中却表现为激烈竞争着的无政府状态。企业生产的组织性不仅不能限制社会生产的无政府状态，相反，还会为了争夺利润进行你死我活的竞争，不顾自己的商品是否真能满足社会的要求。这样的无政府状态加深了各生产部门的比例失调。生产总是在无限扩大，而无产阶级却日益贫困，无产者的贫困则造成国内消费不足。资本主义生产遇到了"社会的绝对的消费能力"的限制。占据社会人口大多数的无产者因为贫困无力购买自己生产的产品，他们的工资只能够勉强维持他们的生活。经济由繁荣逐渐转向萧条，进而产生经济危机。

在经济危机中，我们经常能够看到这样的人间怪象：堆积如山的产品放在仓库里，资本家宁肯这些产品腐烂掉，也不愿意拿出来施舍给穷人，因为如果直接拿出去送给穷人，资本主义的游戏规则就再也难以维系下去。所以，一方面是牛奶、面包在仓库里烂掉或者直接被倒掉，另一方面是贫穷的人们无力购买。一边是劳动力过剩，造成了大量的产业后备军，一边是996，加班到崩溃，仿佛有干不完的工作。

事实上，自从1825年第一次普遍危机爆发以来，整个工商业世界，一切文明民族及其野蛮程度不同的附属地中的生产和交换，差不多每隔十年就要出轨一次。交易停顿，市场盈溢，产品大量滞销积压，银根奇紧，信用停止，工厂停工，工人群众因为他们生产的生活资料过多而缺乏生活资料，破产相继发生，拍卖纷至沓来。停滞状态持续几年，生产力和产品被大量浪费和破坏，直到最后，大批积压的商品以或多或少压低了的价格卖出，生产和交换又逐渐恢复运转。步伐逐渐加快，慢步转成快步，工业快步转成跑步，跑步又转成工业、商业、信用和投机事业的真正障碍赛马中的狂奔，最后，经过几次拼命的跳跃重新陷入崩溃的深渊。如此反复不已。从1825年以来，这种情况我们已经历了整整五次，目前（1877年）正经历着第六次。这些危机的性质表现得这样明显，以致傅立叶把第一次危机称为crise pléthorique［多血症危机］，即由过剩引起的危机时，就中肯地说明了所有这几次危机的实质。

在危机中，社会化生产和资本主义占有之间的矛盾剧烈地爆发出来。商品流通暂时停顿下来；流通手段即货币成为流通

113

的障碍；商品生产和商品流通的一切规律都颠倒过来了。经济的冲突达到了顶点：生产方式起来反对交换方式。

【义释】生产社会化是生产力巨大发展的表现，它要求新的生产关系与之相适应。但是在资本主义社会，社会化的生产资料是资本家的私有财产；社会化的生产过程由资本家私人支配；社会化的劳动产品却被资本家私人占有。这就使资本主义生产方式陷入不可解脱的矛盾之中。自从1825年第一次经济危机爆发以来，美国已经分别于1837年、1847年、1857年、1866年、1873年、1882年、1890年、1900年、1907年、1920—1921年、1929—1933年、1937—1938年、1948—1949年、1957—1958年、1969—1970年、1974—1975年、1980—1982年、1990—1991年、2007—2012年，爆发过大规模的经济危机。危机爆发以后，正如恩格斯在这里所言，"交易停顿，市场盈溢，产品大量滞销积压，银根奇紧，信用停止，工厂停工，工人群众因为他们生产的生活资料过多而缺乏生活资料，破产相继发生，拍卖纷至沓来"[1]。因为资本主义是全球化的，各国家是有机关联在一起的，因此，经济危机就有了传染性，一国经济发生危机，必然会引起普遍性的危机和蔓延成为全球性的危机，引发一浪高过一浪的破产浪潮。资本主义发展是有规律可循的，每一个周期都会经过几个大的阶段，即生产过剩、危机、停滞、繁荣，但随之而来的则是新的更大的经济危机。资本主义永远处在这种毫无出路的恶性发展的闭环之中。

在把资本主义生产方式本身炸毁以前不能使矛盾得到解决，所以它就成为周期性的了。资本主义社会经济危机的周期性爆发，表明生产力

---

[1]《马克思恩格斯文集》（第3卷），人民出版社2009年版，第556页。

的社会化同资本主义私有制是不相容的。它要求消灭资本主义生产关系，建立与之相适应的以生产资料公有制为基础的新型生产关系，要求全部生产资料归社会所有，这才是解决危机的办法。

工厂内部的生产的社会化组织，已经发展到同存在于它之旁并凌驾于它之上的社会中的生产无政府状态不能相容的地步。资本家自己也由于资本的猛烈积聚而感觉到这一事实，这种积聚是在危机期间通过许多大资本家和更多的小资本家的破产实现的。资本主义生产方式的全部机制在它自己创造的生产力的压力下失灵了。它已经不能把这大批生产资料全部变成资本；生产资料闲置起来，因此，产业后备军也不得不闲置起来。生产资料、生活资料、可供支配的工人——生产和一般财富的一切因素，都过剩了。但是，"过剩成了贫困和匮乏的源泉"（傅立叶），因为正是这种过剩阻碍生产资料和生活资料变为资本。因为在资本主义社会里，生产资料要不先变为资本，变为剥削人的劳动力的工具，就不能发挥作用。生产资料和生活资料的资本属性的必然性，像幽灵一样横在这些资料和工人之间。唯独这个必然性阻碍着生产的物的杠杆和人的杠杆的结合；唯独它不允许生产资料发挥作用，不允许工人劳动和生活。因此，一方面，资本主义生产方式暴露出它没有能力继续驾驭这种生产力。另一方面，这种生产力本身以日益增长的威力要求消除这种矛盾，要求摆脱它作为资本的那种属性，要求在事实上承认它作为社会生产力的那种性质。

【义释】关于由供求不平衡所导致的商业危机，恩格斯在《国民经济学批判大纲》中指出："竞争的规律是：需求和供给始终力图互相适应，而正因为如此，从未有过互相适应。双方又重新脱节并转化为尖锐的对立。供给总是紧跟着需求，然而从来没有达到过刚好满足需求的情况；供给不是太多，就是太少，它和需求永远不相适应，因为在人类的不自觉状态下，谁也不知道需求和供给究竟有多大。如果需求大于供给，价格就会上涨，因而供给似乎就会兴奋起来；只要市场上供给增加，价格又会下跌，而如果供给大于需求，价格就会急剧下跌，因而需求又被激起。情况总是这样；从未有过健全的状态，而总是兴奋和松弛相更迭——这种更迭排斥一切进步——一种达不到目的的永恒波动。这个规律永远起着平衡的作用，使在这里失去的又在那里获得，因而经济学家非常欣赏它。这个规律是他最大的荣誉，他简直百看不厌，甚至在一切可能的和不可能的条件下都对它进行观察。然而，很明显，这个规律是纯自然的规律，而不是精神的规律。这是一个产生革命的规律。经济学家用他那绝妙的供求理论向你们证明'生产永远不会过多'，而实践却用商业危机来回答，这种危机就像彗星一样定期再现，在我们这里现在是平均每五年到七年发生一次。80年来，这些商业危机像过去的大瘟疫一样定期来临，而且它们造成的不幸和不道德比大瘟疫所造成的更大。"[①]在恩格斯看来，生产的相对过剩导致劳动力的相对过剩、资本的相对过剩和生产资料过剩。在经济危机中，许多中小资本家无力再将剩余价值转化为资本，因此，他们不得不走向破产，这些中小资本家就沦落到了无产者的行列。这就更加加剧了资产阶级与无产阶级的矛盾，

---

① 《马克思恩格斯文集》（第1卷），人民出版社2009年版，第74页。

资本主义生产成为一种"恶性循环",冲突也变得越来越不可避免。消灭私有制,将生产资料交给全社会占有,由国家承担起私人资本家的职能,新的生产关系呼之欲出。

> 猛烈增长着的生产力对它的资本属性的这种反作用力,要求承认生产力的社会本性的这种日益增长的压力,迫使资本家阶级本身在资本关系内部可能的限度内,越来越把生产力当做社会生产力看待。无论是信用无限膨胀的工业高涨时期,还是由大资本主义企业的破产造成的崩溃本身,都使大量生产资料不得不采取像我们在各种股份公司中所遇见的那种社会化形式。某些生产资料和交通手段一开始规模就很大,它们,例如铁路,排斥任何其他的资本主义经营形式。在一定的发展阶段上,这种形式也嫌不够了;国内同一工业部门的大生产者联合为一个"托拉斯",即一个以调节生产为目的的联盟;他们规定应该生产的总产量,在彼此间分配产量,并且强制实行预先规定的出售价格。但是,这种托拉斯一遇到不景气的时候大部分就陷于瓦解,正因为如此,它们就趋向于更加集中的社会化:整个工业部门变为一个唯一的庞大的股份公司,国内的竞争让位于这一个公司在国内的垄断;例如还在1890年,英国的制碱业就发生了这种情形,现在,这一行业在所有48个大工厂合并后转到一个唯一的、统一管理的、拥有12000万马克资本的公司手中了。
>
> 在托拉斯中,自由竞争转变为垄断,而资本主义社会的无计划生产向行将到来的社会主义社会的计划生产投降。当然,

这首先还是对资本家有利的。但是，在这里剥削变得这样明显，以致它必然会被废除。任何一个民族都不会容忍由托拉斯领导的生产，不会容忍由一小撮专靠剪息票为生的人对全社会进行如此露骨的剥削。

【义释】为了消除生产的无政府状态，资本会进一步集中，私人资本进一步向股份资本转化。但是，在马克思看来，"在股份制度内，已经存在着社会生产资料借以表现为个人财产的旧形式的对立面；但是，这种向股份形式的转化本身，还是局限在资本主义界限之内；因此，这种转化并没有克服财富作为社会财富的性质和作为私人财富的性质之间的对立，而只是在新的形态上发展了这种对立"[①]。

最后，资本主义从实体工业资本转向金融垄断资本，金融垄断资本越来越多而实体工业资本越来越少。金融垄断资本的本质是对实体工业资本的寄生，金融资本开始剥削工业资本。换句话说，工业资本是金融资本的命根子。如果说实体工业资本对无产者的剥削程度是受限于身体界限和道德界限而被控制在一定的范围之内，那么金融垄断资本对无产者的剥削则是根本没有底线的。但是，随着工业资本这个宿主的死亡，金融垄断资本这个寄生体也必然会毁灭。

无论在任何情况下，无论有或者没有托拉斯，资本主义社会的正式代表——国家终究不得不承担起对生产的管理。这种转化为国家财产的必要性首先表现在大规模的交通机构，即邮政、电报和铁路方面。

[①] 《马克思恩格斯文集》（第7卷），人民出版社2009年版，第498—499页。

【义释】恩格斯在这一段加了一个注释,批判了那种将国有企业当作社会主义标志的人,他指出:我说"不得不",因为只有在生产资料或交通手段真正发展到不适于由股份公司来管理,因而国有化在经济上已成为不可避免的情况下,国有化——即使是由目前的国家实行的——才意味着经济上的进步,才意味着达到了一个新的为社会本身占有一切生产力做准备的阶段。但是最近,自从俾斯麦致力于国有化以来,出现了一种冒牌的社会主义,它有时甚至堕落为某些奴才气,无条件地把任何一种国有化,甚至俾斯麦的国有化,都说成社会主义的。显然,如果烟草国营是社会主义的,那么拿破仑和梅特涅也应该算入社会主义创始人之列了。比利时国家出于纯粹日常的政治和财政方面的考虑而自己修建国家的铁路干线,俾斯麦并非考虑经济上的必要,而只是为了使铁路能够更好地适用于战时,只是为了把铁路官员训练成政府的投票家畜,主要是为了取得一种不依赖于议会决定的新的收入来源而把普鲁士的铁路干线收归国有。这无论如何不是社会主义的步骤,既不是直接的,也不是间接的,既不是自觉的,也不是不自觉的。否则,皇家海外贸易公司、皇家陶瓷厂,甚至陆军被服厂,以致在19世纪30年代弗里德里希—威廉三世时期由一个聪明人一本正经地建议过的妓院国营,也都是社会主义的设施了。[①]

> 如果说危机暴露出资产阶级没有能力继续驾驭现代生产力,那么,大的生产机构和交通机构向股份公司、托拉斯和国家财产的转变就表明资产阶级在这方面是多余的。资本家的全

[①] 《马克思恩格斯文集》(第3卷),人民出版社2009年版,第558—559页。

部社会职能现在由领工薪的职员来执行了。资本家除了拿红利、持有剪息票、在各种资本家相互争夺彼此的资本的交易所中进行投机以外，再也没有任何其他的社会活动了。资本主义生产方式起初排挤工人，现在却在排挤资本家了，完全像对待工人那样把他们赶到过剩人口中去，虽然暂时还没有把他们赶到产业后备军中去。

【义释】这里所谓的"排挤工人"，指的是工人被机器排挤。何为"排挤资本家"？自然界的竞争法则是物竞天择和适者生存。在资本主义社会，人类社会也遵循着同样的丛林法则。在某种程度上，资本家也会受到资本或者商品的奴役，也同样受到丛林法则的支配。资本家只是资本这个幽灵的宿主和魂器，资本家被迫使资本升值，他们也成为被异化的对象。同时，资本家很多有意义的社会职能已经被取代，因此资本家就变成多余的了。当然，被排挤的首先是那些金融资本家。

但是，无论向股份公司和托拉斯的转变，还是向国家财产的转变，都没有消除生产力的资本属性。在股份公司和托拉斯的场合，这一点是十分明显的。而现代国家也只是资产阶级社会为了维护资本主义生产方式的一般外部条件使之不受工人和个别资本家的侵犯而建立的组织。现代国家，不管它的形式如何，本质上都是资本主义的机器，资本家的国家，理想的总资本家。它越是把更多的生产力据为己有，就越是成为真正的总资本家，越是剥削更多的公民。工人仍然是雇佣劳动者，无产者。资本关系并没有被消灭，反而被推到了顶点。但是在顶点上是要发生变革的。生产力归国家所有不是冲突的解决，但是这里包含着解决冲突的形式上的手段，解决冲突的线索。

【义释】经济危机使资本家不得不将个别资本家的财产转化为股份公司的财产，或者实行资本主义的"国有化"，这就是国家垄断资本主义。但是，无论向股份公司和托拉斯的转变，还是向国家财产的转变，都没有消除生产力的资本属性。国家垄断资本主义只是资本主义生产关系在自身范围内的部分质变，它在本质上仍然是资本主义。"生产力归国家所有"，但是这个国家依旧是"资本家的国家"，而不是无产阶级的国家。因此，"现代国家，不管它的形式如何，本质上都是资本主义的机器"，"它越是把更多的生产力据为己有，就越是成为真正的总资本家，越是剥削更多的公民"。[①]总之，国家垄断资本主义并没有改变资本主义的根本性质，反而将其推向顶点。

国家垄断资本主义是资本主义基本矛盾不断深化的结果，是资本关系社会化的最高形式。国家垄断资本主义为社会主义的建立提供了最完备的物质准备。列宁指出，国家垄断资本主义是社会主义的入口，"从这一级就上升到社会主义的那一级，没有任何中间级"。

这种解决只能是在事实上承认现代生产力的社会本性，因而也就是使生产、占有和交换的方式同生产资料的社会性质相适应。而要实现这一点，只有由社会公开地和直接地占有已经发展到除了适于社会管理之外不适于任何其他管理的生产力。现在，生产资料和产品的社会性质反过来反对生产者本身，

---

① 《马克思恩格斯文集》（第3卷），人民出版社2009年版，第559—560页。

周期性地突破生产方式和交换方式，并且只是作为盲目起作用的自然规律强制性地和破坏性地为自己开辟道路，而随着社会占有生产力，这种社会性质就将为生产者完全自觉地运用，并且从造成混乱和周期性崩溃的原因变为生产本身的最有力的杠杆。

【义释】 在恩格斯看来，社会共同占有生产资料和劳动成果，是未来社会最基本的规定性。社会主义公有制不但能解决资本主义周期性的经济危机，而且还能释放出更大的生产力。

社会力量完全像自然力一样，在我们还没有认识和考虑到它们的时候，起着盲目的、强制的和破坏的作用。但是，一旦我们认识了它们，理解了它们的活动、方向和作用，那么，要使它们越来越服从我们的意志并利用它们来达到我们的目的，就完全取决于我们了。这一点特别适用于今天的强大的生产力。只要我们固执地拒绝理解这种生产力的本性和性质（而资本主义生产方式及其辩护士正是抗拒这种理解的），它就总是像上面所详细叙述的那样，起违反我们、反对我们的作用，把我们置于它的统治之下。但是，它的本性一旦被理解，它就会在联合起来的生产者手中从魔鬼似的统治者变成顺从的奴仆。这里的区别正像雷电中的电的破坏力同电报机和弧光灯的被驯服的电之间的区别一样，正像火灾同供人使用的火之间的区别一样。当人们按照今天的生产力终于被认识了的本性来对待这种生产力的时候，社会的生产无政府状态就让位于按照社会总体和每个成员的需要对生产进行的社会的有计划的调节。那时，资本主义的占有方式，即产品起初奴役生产者而后又奴役占有者的占有方式，就让位于那种以现代生产资料的本性为基础的产品占有方式：一方面由社会直接占有，作为维持和扩大生产的资料，另一方面由个人直接占有，作为生活资料和享受资料。

【义释】社会力量并不是一种无章可循的、不可知的神秘力量，人们在社会力量面前也并不是消极被动、无能为力的。相反，人们是可以认识和利用经济规律，并用来为整个社会谋利益，从而实现从"物对人的统治"变成"人对物的利用"的飞跃，从"必然王国"向"自由王国"的飞跃。

资本主义生产方式日益把大多数居民变为无产者，从而就造成一种在死亡的威胁下不得不去完成这个变革的力量。这种生产方式日益迫使人们把大规模的社会化的生产资料变为国家财产，因此它本身就指明完成这个变革的道路。无产阶级将取得国家政权，并且首先把生产资料变为国家财产。但是这样一来，它就消灭了作为无产阶级的自身，消灭了一切阶级差别和阶级对立，也消灭了作为国家的国家。到目前为止在阶级对立中运动着的社会，都需要有国家，即需要一个剥削阶级的组织，以便维护这个社会的外部生产条件，特别是用暴力把被剥削阶级控制在当时的生产方式所决定的那些压迫条件下（奴隶制、农奴制或依附农制、雇佣劳动制）。国家是整个社会的正式代表，是社会在一个有形的组织中的集中表现，但是，说国家是这样的，这仅仅是说，它是当时独自代表整个社会的那个阶级的国家：在古代是占有奴隶的公民的国家，在中世纪是封建贵族的国家，在我们的时代是资产阶级的国家。当国家终于真正成为整个社会的代表时，它就使自己成为多余的了。当不再有需要加以镇压的社会阶级的时候，当阶级统治和根源于至今的生产无政府状态的个体生存斗争已被消除，而由此二者产生的冲突和极端行动也随着被消除了的时候，就不再有什么需要镇压了，也就不再需要国家这种特殊的镇压力量了。国家真正作为整个社会的代表所采取的第一个行动，即以社会的名义占有生产资料，同时也是它作为国家所采取的最后一个独立行动。那时，国家政权对社会关系的干预在各个领域中将先后成为多余的事情而自行停止下来。那时，对人的统治将由对物的管理和对生产过程的领导所代替。国家不是"被废除"的，它是自行消亡的。应当以此来衡量"自由的人民国家"这个用语，这个用语在鼓动的意义上暂时有存在的理由，但归根到底是没有科学根据的；同时也应当以此来衡量所谓无政府主义者提出的在一天之内废除国家的要求。

【义释】在失业和经济危机下，无产者面临着死亡的威胁，他们不得不起来革命，剥夺剥夺者，在无产阶级取得政权后，他们将会把大规模的社会化的生产资料变为国家财产。如此一来，国家、阶级等也就失去了其存在的根基。在恩格斯看来，国家是一个历史范畴，是分工和私有制的产物，是阶级矛盾不可调和的产物，其本质是阶级统治。但是，统治阶级一般会通过意识形态来掩盖这种国家的阶级属性。随着生产力的高度发展，到了共产主义社会，国家将真正成为整个社会的代表，它将不再具有阶级性，而成为一个多余的东西，最终它会自行消亡。

自从资本主义生产方式在历史上出现以来，由社会占有全部生产资料，常常作为未来的理想隐隐约约地浮现在个别人物和整个派别的头脑中。但是，这种占有只有在实现它的实际条件已经具备的时候，才能成为可能，才能成为历史的必然性。正如其他一切社会进步一样，这种占有之所以能够实现，并不是由于人们认识到阶级的存在同正义、平等等等相矛盾，也不是仅仅由于人们希望废除这些阶级，而是由于具备了一定的新的经济条件。社会分裂为剥削阶级和被剥削阶级、统治阶级和被压迫阶级，是以前生产不大发展的必然结果。只要社会总劳动所提供的产品除了满足社会全体成员最起码的生活需要以外只有少量剩余，就是说，只要劳动还占去社会大多数成员的全部或几乎全部时间，这个社会就必然划分为阶级。在这被迫专门从事劳动的大多数人之旁，形成了一个脱离直接生产劳动的阶级，它掌管社会的共同事务：劳动管理、国家事务、司法、科学、艺术等等。因此，分工的规律就是阶级划分的基础。但是，这并不妨碍阶级的这种划分曾经通过暴力和掠夺、欺诈和蒙骗来实现，这也不妨碍统治阶级一旦掌握政权就牺牲劳动阶级来巩固自己的统治，并把对社会的领导变成对群众加紧剥削。

【义释】 在本段中，恩格斯主要阐明了由社会占有全部生产资料的必然性和必要性。社会主义的实现有其客观的历史条件，即资本主义的社会化大生产、经济危机，以及无产阶级上升为阶级和阶级意识的觉醒。同时，恩格斯还从唯物史观的视角说明了阶级划分的基础，即"社会分裂为剥削阶级和被剥削阶级、统治阶级和被压迫阶级，是以前生产不大发展的必然结果。只要社会总劳动所提供的产品除了满足社会全体成员最起码的生活需要以外只有少量剩余，就是说，只要劳动还占去社会大多数成员的全部或几乎全部时间，这个社会就必然划分为阶级。在这被迫专门从事劳动的大多数人之旁，形成了一个脱离直接生产劳动的阶级，它掌管社会的共同事务：劳动管理、国家事务、司法、科学、艺术等等。因此，分工的规律就是阶级划分的基础"[①]。

但是，如果说阶级的划分根据上面所说具有某种历史的理由，那也只是对一定的时期、一定的社会条件才是这样。这种划分是以生产的不足为基础的，它将被现代生产力的充分发展所消灭。的确，社会阶级的消灭是以这样一个历史发展阶段为前提的，在这个阶段上，不仅某个特定的统治阶级的存在，而且任何统治阶级的存在，从而阶级差别本身的存在，都将成为时代错乱，成为过时现象。所以，社会阶级的消灭是以生产高度发展的阶段为前提的，在这个阶段上，某一特殊的社会阶级对生产资料和产品的占有，从而对政治统治、教育垄断和精神领导地位的占有，不仅成为多余的，而且在经济上、政治上和

[①] 《马克思恩格斯文集》（第3卷），人民出版社2009年版，第562页。

精神上成为发展的障碍。这个阶段现在已经达到了。资产阶级的政治和精神的破产甚至对他们自己来说也未必是一种秘密了，而他们的经济破产则有规律地每十年重复一次。在每次危机中，社会在它自己的而又无法加以利用的生产力和产品的重压下奄奄一息，面对着生产者没有什么可以消费是因为缺乏消费者这种荒谬的矛盾而束手无策。生产资料的扩张力撑破了资本主义生产方式所加给它的桎梏。把生产资料从这种桎梏下解放出来，是生产力不断地加速发展的唯一先决条件，因而也是生产本身实际上无限增长的唯一先决条件。但是还不止于此。生产资料由社会占有，不仅会消除生产的现存的人为障碍，而且还会消除生产力和产品的有形的浪费和破坏，这种浪费和破坏在目前是生产的无法摆脱的伴侣，并且在危机时期达到顶点。此外，这种占有还由于消除了现在的统治阶级及其政治代表的穷奢极欲的挥霍而为全社会节省出大量的生产资料和产品。通过社会化生产，不仅可能保证一切社会成员有富足的和一天比一天充裕的物质生活，而且还可能保证他们的体力和智力获得充分的自由的发展和运用，这种可能性现在第一次出现了，但它确实是出现了。

【义释】随着生产力的高度发展，阶级将失去其存在的根基，因此它也将会最终消亡。生产资料的扩张力撑破了资本主义生产方式所加给它的桎梏。消除生产力和产品的有形的浪费和破坏，从而解决资本主义经济危机的根本办法，就是生产资料由社会占有和社会化大生产。概言之，阶级的产生以生产发展的不足为基础，同样，阶级的消亡也必然以生产的高度发展为前提。

同样，社会分工也是生产力发展不足的结果，而它的底层逻辑是形而上学。随着生产力的高度发展和人们思想的觉悟，社会分工的物质根基和思想根基都被连根拔起。脑力劳动和体力劳动的差别、城乡的差别、工农的差别等都将会消失，被迫的分工将会消失，"在共产主义社会里，任何人都没有特殊的活动范围，而是都可以在任何部门内发展，社会调节着整个生产，因而使我有可能随自己的兴趣今天干这事，明天干那事，上午打猎，下午捕鱼，傍晚从事畜牧，晚饭后从事批判，这样就不会使我老是一个猎人、渔夫、牧人或批判者"[①]。

> 一旦社会占有了生产资料，商品生产就将被消除，而产品对生产者的统治也将随之消除。社会生产内部的无政府状态将为有计划的自觉的组织所代替。个体生存斗争停止了。于是，人在一定意义上才最终地脱离了动物界，从动物的生存条件进入真正人的生存条件。人们周围的、至今统治着人们的生活条件，现在受人们的支配和控制，人们第一次成为自然界的自觉的和真正的主人，因为他们已经成为自身的社会结合的主人了。人们自己的社会行动的规律，这些一直作为异己的、支配着人们的自然规律而同人们相对立的规律，那时就将被人们熟练地运用，因而将听从人们的支配。人们自身的社会结合一直是作为自然界和历史强加于他们的东西而同他们相对立的，现在则变成他们自己的自由行动了。至今一直统治着历史的

---

① 《马克思恩格斯文集》（第1卷），人民出版社2009年版，第537页。

客观的异己的力量，现在处于人们自己的控制之下了。只是从这时起，人们才完全自觉地自己创造自己的历史；只是从这时起，由人们使之起作用的社会原因才大部分并且越来越多地达到他们所预期的结果。这是人类从必然王国进入自由王国的飞跃。

【义释】 在这一段中，恩格斯谈到了他对未来社会的畅想。"人们自身的社会结合"在过去一直是作为一种异己的力量支配着人类。在这种异己力量的支配下，人像动物一样被动地生存着。因此，"他在自己的劳动中不是肯定自己，而是否定自己，不是感到幸福，而是感到不幸，不是自由地发挥自己的体力和智力，而是使自己的肉体受折磨、精神遭摧残。因此，工人只有在劳动之外才感到自在，而在劳动中则感到不自在，他在不劳动时觉得舒畅，而在劳动时就觉得不舒畅。因此，他的劳动不是自愿的劳动，而是被迫的强制劳动。因此，这种劳动不是满足一种需要，而只是满足劳动以外的那些需要的一种手段。劳动的异己性完全表现在：只要肉体的强制或其他强制一停止，人们就会像逃避瘟疫那样逃避劳动"[①]。但是，一旦社会占有了生产资料，商品生产就将被消除，人们就会成为自然界和社会结合的真正的主人，进而实现从"必然王国"向"自由王国"的飞跃。恩格斯在此所谓的"必然王国"，指的是资本主义社会和资本主义社会之前的社会，在这样的社会中，人的活动始终受到自然规律和社会规律的控制。"自由王国"，指的是共产主义社会，它意味着人类已经理解和掌握了自然规律和社会规

---

① 《马克思恩格斯文集》（第1卷），人民出版社2009年版，第159页。

律，对自己的活动达到了高度自觉。

无产阶级应该自觉到社会主义必然代替资本主义的历史发展趋势，承担起历史赋予它的使命，使其从自发的阶级走向自为的阶级，逐步消灭私有制，建立起人的自由全面发展的共产主义新社会。

最后，我们把上述的发展进程简单地概述如下：

一、中世纪社会：个体的小生产。生产资料是供个人使用的，因而是原始的、笨拙的、小的、效能很低的。生产都是为了直接消费，无论是生产者本身的消费，还是他的封建领主的消费。只有在生产的东西除了满足这些消费以外还有剩余的时候，这种剩余才拿去出卖和进行交换。所以，商品生产刚刚处于形成过程中，但是这时它本身已经包含着社会生产的无政府状态的萌芽。

二、资本主义革命：起初是工业通过简单协作和工场手工业实现的变革。先前分散的生产资料集中到大作坊中，因而它们就由个人的生产资料转变为社会化的生产资料，这种转变总的说来没有触及交换形式。旧的占有形式仍然起作用。资本家出现了：他是生产资料的所有者，当然就占有产品并把它们变为商品。生产已经成为社会的活动；而交换以及和它相伴随的占有，仍旧是个体的活动，单个人的活动：社会的产品被个别资本家所占有。这就是产生现代社会的一切矛盾的基本矛盾，现代社会就在这一切矛盾中运动，而大工业把它们明显地暴露出来了。

（a）生产者和生产资料相分离。工人注定要终身从事雇佣劳动。无产阶级和资产阶级相对立。

（b）支配商品生产的规律日益显露出来，它们的作用日益加强。竞争不可遏止。个别工厂中的社会化组织和整个生产中的社会无政府状态相矛盾。

（c）一方面是机器的改进，这种改进由于竞争而变成每个厂主必须执行的强制性命令，而且也意味着工人不断遭到解雇：产生了产业后备军。另一方面是生产的无限扩张，这也成了每个厂主必须遵守的竞争的强制规律。这两方面造成了生产力的空前发展、供过于求、生产过剩、市场盈溢、十年一次的危机、恶性循环：这里是生产资料和产品过剩，那里是没有工作和没有生活资料的工人过剩；但是，生产和社会福利的这两个杠杆不能结合起来，因为资本主义的生产形式不允许生产力发挥作用，不允许产品进行流通，除非生产力和产品先转变为资本，而阻碍这种转变的正是生产力和产品的过剩。这种矛盾发展到荒谬的程度：生产方式起来反对交换形式。资产阶级已经暴露出它没有能力继续管理自己的社会生产力。

（d）资本家本身不得不部分地承认生产力的社会性质。大规模的生产机构和交通机构起初由股份公司占有，后来由托拉斯占有，然后又由国家占有。资产阶级表明自己已成为多余的阶级；它的全部社会职能现在由领工薪的职员来执行了。

三、无产阶级革命，矛盾的解决：无产阶级将取得公共权力，并且利用这个权力把脱离资产阶级掌握的社会化生产资料变为公共财产。通过这个行动，无产阶级使生产资料摆脱了它们迄今具有的资本属性，使它们的社会性质有充分的自由得以实现。从此按照预定计划进行的社会生产就成为可能的了。生产的发展使不同社会阶级的继续存在成为时代错乱。随着社会生产的无政府状态的消失，国家的政治权威也将消失。人终于成为自己的社会结合的主人，从而也就成为自然界的主人，成为自身的主人——自由的人。

完成这一解放世界的事业，是现代无产阶级的历史使命。深入考察这一事业的历史条件以及这一事业的性质本身，从而使负有使命完成这一事业的今天受压迫的阶级认识到自己的行动的条件和性质，这就是无产阶级运动的理论表现即科学社会主义的任务。

【义释】恩格斯在这九段中，对第三章的内容作了一个整体性的总结。即从以个体小生产为核心的封建社会，到资本主义社会生产资料的私人占有和生产社会化的基本矛盾所导致的经济危机，再到无产阶级革命对资本主义社会基本矛盾的解决作了一个概述。

恩格斯在此指出："无产阶级将取得公共权力，并且利用这个权力把脱离资产阶级掌握的社会化生产资料变为公共财产。通过这个行动，无产阶级使生产资料摆脱了它们迄今具有的资本属性，使它们的社会性质有充分的自由得以实现。从此按照预定计划进行的社会生产就成为可能的了。"[①]需要说明的是，恩格斯并不认为在社会主义社会将不存在公共事务的管理，而是这种公共权力将失去过去的那种政治性质，成为真正为人类服务的自由发展的权力。

---

① 《马克思恩格斯文集》（第3卷），人民出版社2009年版，第566页。

最后，恩格斯指明了无产阶级应该掌握科学社会主义的理论，唤醒阶级意识，发挥历史主动性，担负起历史使命，推翻资产阶级，实现无产阶级的彻底解放。科学社会主义指明了社会主义实现的条件和手段，革命的条件就是资本主义私有制和生产的社会化之间的矛盾所导致的经济危机，经济危机加剧了无产阶级和资产阶级的矛盾。而这个手段就是无产阶级革命。

附 录

附录（一）

马克思写的 1880年法文版前言

这本小册子中所包含的内容是早先刊登在《社会主义评论》上的三篇文章，它们译自恩格斯最近的著作《科学中的变革》。

弗里德里希·恩格斯是当代社会主义最杰出的代表人物之一，他在1844年就以他最初发表在马克思和卢格在巴黎出版的《德法年鉴》上的《国民经济学批判大纲》引起了注意。《国民经济学批判大纲》中已经表述了科学社会主义的某些一般原则。在曼彻斯特（当时恩格斯住在那里），他用德文写了《英国工人阶级状况》（1845年），这是一部重要的著作，其意义由马克思在《资本论》中作了充分的估价。在他第一次旅居英国以及后来旅居布鲁塞尔的时候，他是社会主义运动的正式机关报《北极星报》和罗伯特·欧文的《新道德世界》报的撰稿人。

在他旅居布鲁塞尔时，他和马克思建立了德意志共产主义工人协会，这个协会同佛兰德和瓦隆的工人俱乐部保持了联系。他们两人和伯恩施太德一起创办了《德意志-布鲁塞尔报》。应正义者同盟设在伦敦的德国委员会的邀请，他们参加了这个最初由卡尔·沙佩尔在1839年因参加布朗基的密谋而从法国逃亡以后所创立的团体。从那时起，同盟就放弃了秘密团体惯用的形式，变成国际性的共产主义者同盟了。但是在当时的情况下，该团体还必须对各国政府保密。1847年，在同盟在伦敦召开的国际代表大会上，马克思和恩格斯被委托起草《共产党宣言》，《共产党宣言》在二月革命前不久出版，并且几乎立即被翻译成欧洲的各种语言。

同年，马克思和恩格斯致力于建立布鲁塞尔民主协会的工作，这是一个公开的和国际性的团体，参加这个团体的有资产阶级激进派的代表和无产阶级工人的代表。

二月革命后，恩格斯成了《新莱茵报》的编辑，这家报纸是由马克思1848年在科隆创办的，由于普鲁士发生政变，《新莱茵报》于1849年6月被查禁。恩格斯参加埃尔伯费尔德起义以后，作为志愿军团指挥官维利希的副官参加了反对普鲁士人的巴登起义（1849年6—7月）。

1850年，他在伦敦为《新莱茵报·政治经济评论》撰稿，这个刊物是由马克思出版并在汉堡刊印的。恩格斯在上面首次发表《德国农民战争》，该文19年后在莱比锡被印成小册子重新出版并出了三版。

在德国的社会主义运动重新活跃起来以后，恩格斯成为《人民国家报》和《前进报》的撰稿人；这两家报纸所发表的最重要的论文都是他写的，其中大部分都被印成了小册子：《论俄国的社会问题》《德意志帝国国会中的普鲁士烧酒》《论住宅问题》《行动中的巴枯宁主义者》等。

1870年恩格斯从曼彻斯特迁居伦敦以后，参加了国际总委员会。他被委托负责同西班牙、葡萄牙和意大利的通信联系。他为《前进报》撰写并讽刺地题为《欧根·杜林先生在科学中实行的变革》的最近的一组论文，是对欧根·杜林先生关于一般科学，特别是关于社会主义的所谓新理论的回答。这些论文已经集印成书并且在德国社会主义者中间获得了巨大的成功。在这本小册子中我们摘录了这本书的理论部分中最重要的部分。这一部分可以说是科学社会主义的入门。

卡·马克思写于1880年5月4—5日前后

载于1880年在巴黎出版的恩格斯《空想社会主义和科学社会主义》一书

原文是法文

中文根据《马克思恩格斯全集》历史考证版第1部分第27卷并参考《马克思恩格斯全集》德文版第19卷翻译

附录（二）

1882年德文第一版序言

后面这篇论文是由1878年在莱比锡出版的我的著作《欧根·杜林先生在科学中实行的变革》中的三章集合而成的。我为我的朋友保尔·拉法格把这三章汇集在一起交给他译成法文，并增加了若干比较详细的说明。经我校阅过的法译文最初发表在《社会主义评论》上，后来于1880年在巴黎印成单行本出版，书名为《空想社会主义和科学社会主义》。根据法译文翻译的波兰文本于1882年刚刚在日内瓦由黎明印刷所出版，书名为《空想的和科学的社会主义》。

拉法格的译本在说法语的国家，特别是在法国，获得了意外的成功，这给我提出了一个问题：这三章如果按德文印成单行本出版，是否同样有好处。这时，苏黎世的《社会民主党人报》编辑部告诉我，在德国社会民主党内普遍感到迫切需要出版新的宣传小册子，问我是否愿意把这三章用于这一目的。我当然同意这样做，并把我的著作交给他们处理。

可是，这一著作原来根本不是为了直接在群众中进行宣传而写的。这样一种首先是纯学术性的著作怎样才能适用于直接的宣传呢？在形式和内容上需要作些什么修改呢？

说到形式，只有出现许多外来语这一点可能引起疑虑。但是拉萨尔在他的演说和宣传性文章中已经根本不避讳使用外来语，而据我所知，大家并没有因此提出抱怨。从那时以来，我们的工人已经更多地和更经常地阅读报纸，因此也更多地熟悉外来语。我只限于删去一切不必要的外来语。那些必不可少的外来语，我没有加上所谓解释性的翻译。这些必不可少的外来语大部分是通用的科学技术用语，如果能翻译出来，那就不是必不可少的了。这就是说，翻译只能歪曲这些用语的含义；这样做解释不清楚，反而会造成混乱。在这里，口头的解释会有更大的帮助。

相反，在内容方面，我可以肯定地说，对德国工人来说困难是不多的。总的说来，只有第三部分是困难的，但是对工人，比对"有教养的"资产者，困难要少得多，因为这一部分正是概括了工人的一般生活条件。至于说到我在这里加上的许多说明，那么实际上我与其说是考虑到工人，不如说是考虑到"有教养的"读者，如议员冯·艾内恩先生、枢密顾问亨利希·冯·济贝耳先生以及特赖奇克之流的人物，他们为不可遏制的欲望所驱使，总是一再确凿无误地表明他们的惊人的无知以及因而可以理解的对社会主义的巨大的误解。唐·吉诃德手执长矛同风车搏斗，这是合乎他的身份和所扮演的角色的；但是，我们不能容许桑乔·潘萨去做这类事情。

这样的读者也会觉得奇怪，为什么在社会主义发展史的简述中提到康德——拉普拉斯的天体演化学，提到现代自然科学和达尔文,提到德国的古典哲学和黑格尔。但是,科学社会主义本质上就是德国的产物,而且也只能产生在古典哲学还生气勃勃地保存着自觉的辩证法传统的国家,即在德国。唯物主义历史观及其在现代的无产阶级和资产阶级之间的阶级斗争上的特别应用,只有借助于辩证法才有可能。德国资产阶级的学究们已经把关于德国伟大的哲学家及其创立的辩证法的记忆淹没在一种无聊的折中主义的泥沼里,这甚至使我们不得不援引现代自然科学来证明辩证法在现实中已得到证实,而我们德国社会主义者却以我们不仅继承了圣西门、傅立叶和欧文,而且继承了康德、费希特和黑格尔而感到骄傲。

弗里德里希·恩格斯

1882年9月21日于伦敦

弗·恩格斯写于1882年9月21日

载于1882年在霍廷根—苏黎世出版的恩格斯《社会主义从空想到科学的发展》一书

原文是德文

中文根据《马克思恩格斯全集》历史考证版第1部分第27卷并参考《马克思恩格斯全集》德文版第19卷翻译

附录（三）

1891年德文第四版序言

我曾经预料，这篇论文的内容对我们的德国工人来说困难是不多的，现在这个预料已被证实。至少从1883年3月第一版问世以来已经印行了三版，总数达1万册，而且这是在现今已寿终正寝的反社会党人法的统治下发生的事情。同时，这也是一个新的例证，说明警察的禁令在像现代无产阶级的运动这样的运动面前是多么软弱无力。

从第一版印行以来，又出版了几种外文译本：帕斯夸勒·马尔提涅蒂翻译的意大利文本《空想社会主义和科学社会主义》1883年贝内文托版；俄文本《科学社会主义的发展》1884年日内瓦版；丹麦文本《社会主义从空想到科学的发展》，载于《社会主义丛书》第一卷，1885年哥本哈根版；西班牙文本《空想社会主义和科学社会主义》1886年马德里版；以及荷兰文本《社会主义从空想到科学的发展》1886年海牙版。

本版作了一些小的修改；比较重要的补充只有两处：在第一章中关于圣西门的补充，同傅立叶和欧文相比，关于圣西门过去谈得有点过于简略；其次是在第三章接近末尾处关于在这期间已经变得很重要的新的生产形式"托拉斯"的补充。

弗里德里希·恩格斯
1891年5月12日于伦敦

弗·恩格斯写于1891年5月12日　　原文是德文

载于1891年在柏林出版的恩格斯　　中文根据《马克思恩格斯全集》
《社会主义从空想到科学的发展》　德文版第22卷翻译
一书

附录（四）

1892年英文版导言

这本小册子本来是一本大书的一部分。大约在1875年，柏林大学非公聘讲师欧根·杜林博士突然大叫大嚷地宣布他改信社会主义，不仅向德国公众提出一套详尽的社会主义理论，而且还提出一个改造社会的完备的实际计划。当然，他竭力攻击他的前辈，首先选中了马克思，把满腔怒火发泄在他的身上。

这件事发生时，德国社会党的两派——爱森纳赫派和拉萨尔派——刚刚合并，因而不仅力量大增，而且更重要的是能够全力以赴地对付共同的敌人。德国社会党正在迅速成为一股力量。但是，要使它成为一股力量，首先必须使这个刚刚赢得的统一不受危害。可是，杜林博士却公然准备在他周围建立一个宗派，作为未来的独立政党的核心。因此，不管我们是否愿意，我们必须应战，把斗争进行到底。

可是，这件事虽然不太困难，显然也很麻烦。大家知道，我们德国人有一种非常严肃的Gründlichkeit，即彻底的深思精神或深思的彻底精神，随你怎么说都行。当我们每个人在阐述他认为是新学说的那种东西的时候，他首先要把它提炼为一个包罗万象的体系。他一定要证明，逻辑的主要原则和宇宙的基本规律之所以存在，历来就是为了最后引到这个新发现的绝妙理论上来。在这方面，杜林博士已经完全达到这种民族标准了。整套的"哲学体系"，精神的、道德的、自然的和历史的一应俱全；全套"政治经济学的和社会主义的体系"；最后还有"政治经济学批判史"。这三部八开本的巨著，在外观上和内容上都很有分量，这三支论证大军被调来攻击所有前辈哲学家和经济学家，特别是马克思，其实，就是企图"在科学中"实行一次完全的"变革"——我所要应付的就是这些。我不得不涉及所有各种各样的问题：从时间和空间的概念到复本位制，从物质和运动的永恒性到道德观念的易逝性，从达尔文的自然选择到未来社会中的青年教育。无论如何，我的对手的包罗万象的体系，使我有机会在同他争论时用一种比以往更连贯的形式，阐明马克思和我对这些形形色色的问题的见解。这就是我承担这个通常是吃力不讨好的任务的主要原因。

我的答复，最初曾作为一系列论文发表在社会党的中央机关报莱比锡的《前进报》上，后来汇集成书，题为"Herrn Eugen Dühring's Umwälzung der Wissenschaft"（《欧根·杜林先生在科学中实行的变革》），这本书的第二版于1886年在苏黎世出版。

根据我的朋友保尔·拉法格（现在是法国众议院里尔市的议员）的要求，我曾把这本书中的三章编成一本小册子，由他译成法文，于1880年出版，书名为《空想社会主义和科学社会主义》。波兰文版和西班牙文版就是根据这个法文本译出的。

1883年，我们的德国朋友用原文出版了这本小册子。此后，根据这个德文本又出版了意大利文、俄文、丹麦文、荷兰文和罗马尼亚文的译本。这样，连同现在这个英文版在内，这本小书已经用10种文字流传开了。据我所知，其他任何社会主义著作，甚至我们的1848年出版的《共产主义宣言》和马克思的《资本论》，也没有这么多的译本。在德国，这本小册子已经印了四版，共约两万册。

附录《马尔克》是为了在德国社会党内传播关于德国土地所有制的历史和发展的一些基本知识而写的。这是非常必要的，因为当时党在团结城市工人的工作方面已经完成在望，又要着手进行农业工人和农民的工作。这篇附录收入这个译本，是因为人们对所有条顿部落都同样有过的原始的土地占有形式及其衰亡的历史，在英国比在德国知道得更少。我让这篇附录仍保持原状，就是说没有涉及马克西姆·柯瓦列夫斯基最近提出的假说，按照这个假说，在马尔克的成员分割耕地和草地之前，土地是由几代人共同生活的庞大的家长制家庭公社（现在还存在的南方斯拉夫人的扎德鲁加可以作为例证）共同耕种的；后来，公社范围扩大，共同经营已日益不便，就出现了公社土地的分割。柯瓦列夫斯基也许是完全对的，不过问题还在讨论中。

本书中所用的经济学名词，凡是新的，都同马克思的《资本论》英文版中所用的一致。我们所说的"商品生产"，是指这样一个经济发展阶段，在这个阶段，物品的生产不仅是为了供生产者使用，也是为了交换；也就是说，物品是作为商品，而不是作为使用价值而生产的。这个阶段从开始为交换而生产的时候起，一直延续到现在；这个阶段只是在资本主义生产下，也就是说，只有在占有生产资料的资本家用工资雇用除劳动力以外别无任何生产资料的工人，并把产品的卖价超过其支出的盈余部分纳入腰包的条件下，才获得充分的发展。我们把中世纪以来的工业生产的历史分为三个时期：（1）手工业，小手工业师傅带着少数帮工和学徒，每个工人都生产整件物品；（2）工场手工业，较大数量的工人聚集在一个大工场中，按照分工的原则生产整件物品，每个工人只完成一部分工序，所以产品只有依次经过所有工人的手以后才能制成；（3）现代工业，产品是用动力推动的机器生产的，工人的工作只限于监督和调整机器的运转。

我很清楚，本书的内容将遭到颇大一部分英国公众的反对。但是，如果我们大陆上的人稍微顾及英国"体面人物"的偏见，那么我们的处境也许更加糟糕。本书所捍卫的是我们称之为"历史唯物主义"的东西，而唯物主义这个名词是使大多数英国读者感到刺耳的。"不可知论"也许还可以容忍，但是唯物主义就完全不能容许了。

然而，从17世纪以来，全部现代唯物主义的发祥地正是英国。

"唯物主义是大不列颠本土的产儿，大不列颠的经院哲学家邓斯·司各脱就曾经问过自己：'物质是否不能思维？'

为了使这种奇迹能够实现，他求助于上帝的万能，即迫使神学来宣讲唯物主义。此外，他还是一个唯名论者。唯名论是唯物主义的最初形式，主要存在于英国经院哲学家中间。

英国唯物主义的真正始祖是培根。在他看来，自然哲学才是真正的哲学，而以感性经验为基础的物理学则是自然哲学的最重要的部分。提出种子说的阿那克萨哥拉和提出原子论的德谟克利特，都常常被他当做权威来引证。按照他的学说，感觉是确实可靠的，是一切知识的源泉。科学都是以经验为基础的，科学就在于把理性的研究方法运用于感官所提供的材料。归纳、分析、比较、观察和实验是理性方法的主要形式。在物质固有的特性中，第一个特性而且是最重要的特性是运动，它不仅表现为物质的机械的和数学的运动，而且主要表现为物质的冲动、活力、张力，或者用雅科布·伯麦的话来说，是物质的'痛苦'〔'Qual'〕。

"唯物主义在它的第一个创始人培根那里，还包含着全面发展的萌芽。一方面，物质带着诗意的感性光辉对整个人发出微笑。另一方面，那种格言警句式的学说却还充满了神学的不彻底性。

"唯物主义在以后的发展中变得片面了。霍布斯把培根的唯物主义系统化了。以感觉为基础的知识失去了诗情画意，变成数学家的抽象经验；几何学被宣布为科学的女王。唯物主义变得漠视人了。为了能够在对手，即漠视人的、毫无血肉的唯灵论的领域制服这种唯灵论，唯物主义就不得不扼杀自己的肉欲，成为禁欲主义者。这样，它就从感性之物变成理智之物；可是，它因此也就发展了理智所特有的无所顾忌的全部彻底性。

"作为培根的继承者，霍布斯声称，既然感性给人提供一切知识，那么我们的概念和观念就无非是摆脱了感性形式的现实世界的幻影。哲学只能为这些幻影命名。一个名称可以用于若干个幻影。甚至还可以有名称的名称。但是，一方面认为一切观念都起源于感性世界，另一方面又硬说一个词的意义不只是一个词，除了我们通过感官而知道的存在物，即全都是个别的存在物之外，还有一般的、非个别的存在物，这就是一个矛盾。无形体的实体和无形体的形体同样是荒唐的。形体、存在、实体只是同一种实在的不同名称。不能把思想同思维着的物质分开。物质是世界上发生的一切变化的基础。如果'无限的'这个词不表示我们的精神具有无限增添补充的能力，这个词就毫无意义。因为只有物质的东西才是可以被我们感知的，所以我们对神的存在就一无所知了。只有我自己的存在才是确实可信的。人的一切激情都是有始有终的机械运动。欲求的对象是所谓的善。人和自然都服从于同样的规律。强力和自由是同一的。

"霍布斯把培根的学说系统化了，但他没有论证培根关于人类的全部知识起源于感性世界的基本原理。洛克在他的《人类理智论》中对此作了论证。

"霍布斯消除了培根唯物主义中的有神论的偏见；柯林斯、多德威尔、考尔德、哈特莱、普利斯特列也同样消除了洛克感觉论的最后的神学藩篱。无论如何，自然神论对实际的唯物主义者来说不过是一种摆脱宗教的简便易行的方法罢了。"

关于现代唯物主义起源于英国，卡尔·马克思就是这样写的。如果现在英国人对他这样赞许他们的祖先并不十分高兴，那真是太遗憾了。可是不能否认，培根、霍布斯和洛克都是杰出的法国唯物主义者学派的前辈，法国人在陆上和海上的历次战争中尽管败于德国人和英国人，但这些法国唯物主义者却使18世纪成为一个以法国为主角的世纪，这甚至比圆满结束那个世纪的法国革命还要早；这次革命的成果，我们这些身在英国和德国的局外人还总想移植哩。

这是无可否认的。在本世纪中叶，移居英国的有教养的外国人最惊奇的，是他必然会视为英国体面的中等阶级的宗教执迷和头脑愚蠢的那种现象。那时，我们都是唯物主义者，或者至少是很激进的自由思想者，我们不能理解，为什么英国几乎所有有教养的人都相信各种各样不可思议的奇迹，甚至一些地质学家，例如巴克兰和曼特尔也歪曲他们的科学上的事实，唯恐过分有悖于创世记的神话；要想找到敢于凭自己的智力思考宗教问题的人，就必须去寻访那些没有受过教育的人，当时所谓的"无知群氓"即工人，特别是去寻访那些欧文派的社会主义者。

但是从那时以来，英国已经"开化"了。1851年的博览会给英国这个岛国的闭塞状态敲响了丧钟。英国在饮食、风尚和观念方面逐渐变得国际化了；这种变化之大，使我也希望英国的某些风尚和习惯能在大陆上传播，就像大陆上的其他习惯在英国传播那样。总之，随着色拉油（1851年以前只有贵族才知道）的传入，大陆上对宗教问题的怀疑论也必然传了进来，以致发展到这种地步：不可知论虽然还尚未像英国国教会那样被

151

当做"头等货色",但是就受人尊敬的程度而言,几乎和浸礼会是同等的,而且肯定超过了"救世军"。我时常这样想:许多人对这种越来越不信仰宗教的现象痛心疾首,咒骂谴责,可是他们如果知道这些"新奇的思想"并不是舶来品,不像其他许多日用品那样带有"德国制造"的商标,而无疑是老牌的英国货,而且他们的不列颠祖先在200年前已经走得比今天的后代子孙所敢于走的要远得多,那他们将会感到安慰吧。真的,不可知论如果不是(用兰开夏郡的一个富于表现力的字眼来说)唯物主义,不可知论者的自然观"羞羞答答的"又是什么呢?完全是唯物主义的。整个自然界是受规律支配的,绝对排除任何外来的干涉。可是,不可知论者又说,我们无法肯定或否定已知世界之外的某个最高存在物的存在。这种说法在拿破仑那个时代也许还有点价值,那时拿破仑曾问拉普拉斯这位伟大的天文学家,为何他的《论天体力学》只字不提造物主,对此,拉普拉斯曾骄傲地回答:"我不需要这个假说。"可是如今,在我们不断发展的关于宇宙的概念中绝对没有造物主或主宰者的位置;如果说,在整个现存世界之外还有一个最高存在物,这本身就是一种矛盾,而且我以为,这对信教者的情感也是一种不应有的侮辱。

我们的不可知论者也承认,我们的全部知识是以我们的感官向我们提供的报告为基础的。可是他又说:我们怎么知道我们的感官所给予我们的是感官所感知的事物的正确反映呢?然后他告诉我们:当他讲到事物或事物的特性时,他实际上所指的并不是这些他也不能确实知道的事物及其特性,而是它们对他的感官所产生的印象而已。这种论点,看来的确很难只凭论证予以驳倒。但是人们在论证之前,已经先有了行动。"起初是行动"。在人类的才智虚构出这个难题以前,人类的行动早就解决了这个难题。布丁的滋味一尝便知。当我们按照我们所感知的事物的特性来利用这些事物的时候,我们的感性知觉是否正确便受到准确无误的检验。如果这些知觉是错误的,我们关于能否利用这个事物的判断必然也是错误的,要想利用也决不会成功。可是,如果我们达到了我们的目的,发现事物符合我们关于该事物的观念,并产生我们所预期的效果,这就肯定地证明,在这一范围内,我们对事物及其特性的知觉符合存在于我们之外的现实。我们一旦发现失误,总是不需要很久就能找出失误的原因;我们会发现,我们的行动所依据的知觉,或者本身就是不完全的、肤浅的,或者是与其他知觉的结果不合理地混在一起——我们把这叫做有缺陷的推理。只要我们正确地训练和运用我们的感官,使我们的行动只限于正确地形成的和正确地运用的知觉所规定的范围,我们就会发现,我们行动的结果证明我们的知觉符合所感知的事物的客观本性。到目前为止,还没有一个例子迫使我们作出这样的结论:我们的经过科学检验的感性知觉,会在我们的头脑中造成一些在本性上违背现实的关于外部世界的观念;或者,在外部世界和我们关于外部世界的感性知觉之间,存在着天生的不一致。

但是,新康德主义的不可知论者这时就说:我们可能正确地感知事物的特性,但是我们不能通过感觉过程或思维过程掌握自在之物。这个"自在之物"处于我们认识的彼岸。对于这一点，黑格尔早就回答了：如果你知道了某一事物的一切性质，你也就知道了这一事物本身；这时剩下来的便只是上述事物存在于我们之外这样一个事实；只要你的感官使你明白这一事实，你也就完全掌握这一事物，掌握康德的那个著名的不可认识的"自在之物"了。还可以补充一句：在康德的那个时代，我们对自然界事物的知识确实残缺不全，所以他可以去猜想在我们对于各个事物的少许知识背后还有一个神秘的"自在之物"。但是这些不可理解的事物，由于科学的长足进步，已经接二连三地被理解、分析，甚至重新制造出来了；我们当然不能把我们能够制造的东西当做是不可认识的。对于本世纪上半叶的化学来说，有机物正是这样的神秘的东西；现在我们不必借助有机过程，就能按照有机物的化学成分把它们一个一个地制造出来。近代化学家宣称：只要知道不管何种物体的化学结构，就可以按它的成分把它制造出来。我们现在还远没有准确地认识最高有机物即蛋白体的结构；但是没有理由说几个世纪以后我们仍不会有这种认识，并根据这种认识来制造人造蛋白。我们一旦能做到这一点，我们同时也就制造了有机生命，因为生命，从它的最低形式直到最高形式，只是蛋白体的正常的存在方式。

然而，我们的不可知论者只要作出这些形式上的思想上的保留，他的言行就像十足的唯物主义者了，实际上他也是唯物主义者。他或许会说：就我们所知，物质和运动，或者如今所谓的能，是既不能创造也不能消灭的，但是我们无法证明它们不是在某一个时候创造出来的。可是，你要是想在某一特定场合下利用这种承认去反驳他，他立刻就会让你闭上嘴巴。他抽象地承认可能有唯灵论，但是他不想具体地知道是否有唯灵论。他会对你说：就我们所知道或所能知道的，并没有什么宇宙的造物主和主宰者；对我们来说，物质和能是既不能创造也不能消灭的；在我们看来，思维是能的一种形式，是脑的一种功能；我们只知道：支配物质世界的是一些不变的规律，等等。所以，当他是一个科学家的时候，当他还知道一些事情的时候，他是一个唯物主义者；可是，在他的科学以外，在他一无所知的领域中，他就把他的无知翻译成为希腊文，称之为不可知论。

无论如何，这一点是清楚的：即使我是一个不可知论者，显然我也不能把这本小书所概述的历史观称为"历史不可知论"。信教的人将会嘲笑我，不可知论者也将厉声质问我是否在嘲弄他们。因此，我在英语中如果也像在其他许多语言中那样用"历史唯物主义"这个名词来表达一种关于历史过程的观点，我希望英国的体面人物不至于过分感到吃惊。这种观点认为，一切重要历史事件的终极原因和伟大动力是社会的经济发展，是生产方式和交换方式的改变，是由此产生的社会之划分为不同的阶级，是这些阶级彼此之间的斗争。

如果我证明历史唯物主义甚至对英国的体面人物也是有益的，人们对我或许还会更宽容一些。我已经说过：大约在四五十年以前，移居英国的有教养的外国人最惊奇的，是他必然会视为英国体面的中等阶级的宗教执迷和头脑愚蠢的那种现象。现在我就要证明，那时候的体面的英国中等阶级，并不像有知识的外国人所认为的那样愚蠢。这个阶级的宗教倾向是有其缘由的。

当欧洲脱离中世纪的时候，新兴的城市中等阶级是欧洲的革命因素。这个阶级在中世纪的封建体制内已经赢得公认的地位，但是这个地位对它的扩张能力来说，也已经变得太狭小了。中等阶级即资产阶级的发展，已经不能同封建制度并存，因此，封建制度必定要覆灭。

但是封建制度的巨大的国际中心是罗马天主教会。它尽管发生了各种内部战争，还是把整个封建的西欧联合为一个大的政治体系，同闹分裂的希腊正教徒和伊斯兰教的国家相对抗。它给封建制度绕上一圈神圣的灵光。它按照封建的方式建立了自己的教阶制，最后，它本身就是最有势力的封建领主，拥有天主教世界的地产的整整三分之一。要想把每个国家的世俗的封建制度成功地各个击败，就必须先摧毁它的这个神圣的中心组织。

此外，随着中等阶级的兴起，科学也大大振兴了；天文学、力学、物理学、解剖学和生理学的研究又活跃起来。资产阶级为了发展工业生产，需要科学来查明自然物体的物理特性，弄清自然力的作用方式。在此以前，科学只是教会的恭顺的婢女，不得超越宗教信仰所规定的界限，因此根本就不是科学。现在，科学反叛教会了；资产阶级没有科学是不行的，所以也不得不参加反叛。

以上只谈到新兴的中等阶级必然要同现存的教会发生冲突的两点原因，但足以证明：第一，在反对罗马教会权利的斗争中，最有直接利害关系的阶级是资产阶级；第二，当时反对封建制度的历次斗争，都要披上宗教的外衣，把矛头首先指向教会。可是，如果说率先振臂一呼的是一些大学和城市商人，那么热烈响应的必然是而且确实是广大的乡村居民即农民，他们为了活命不得不到处同他们的精神的和尘世的封建主搏斗。

资产阶级反对封建制度的长期斗争，在三次大决战中达到了顶点。

第一次是德国的所谓宗教改革。路德提出的反对教会的战斗号召，唤起了两次政治性的起义：首先是弗兰茨·冯·济金根领导的下层贵族的起义（1523年），然后是1525年伟大的农民战争。这两次起义都失败了，主要是由于最有利害关系的集团即城市市民不坚决，——至于不坚决的原因，我们就不详述了。从那时起，斗争就蜕化为各地诸侯和中央政权之间的战斗，结果，德国在200年中被排除于欧洲在政治上起积极作用的民族之列。路德的宗教改革确实创立了一种新的信条，一种适合专制君主制需要的宗教。德国东北部的农民刚刚改信路德教派，就从自由人降为农奴了。

但是，在路德失败的地方，加尔文却获得了胜利。加尔文的信条正适合当时资产阶级中最果敢大胆的分子的要求。他的宿命论的学说，从宗教的角度反映了这样一件事实：在竞争的商业世界，成功或失败并不取决于一个人的活动或才智，而取决于他不能控制的各种情况。决定成败的并不是一个人的意志或行动，而是全凭未知的至高的经济力量的恩赐；在经济变革时期尤其是如此，因为这时旧的商路和中心全被新的所代替，印度和美洲已被打开大门，甚至最神圣的经济信条即金银的价值也开始动摇和崩溃了。加尔文的教会体制是完全民主的、共和的；既然上帝的王国已经共和化了，人间的王国难道还能仍然听命于君王、主教和领主吗？当德国的路德教派已变成诸侯手中的驯服工具时，加尔文教派却在荷兰创立了一个共和国，并且在英国，特别是在苏格兰，创立了一些活跃的共和主义政党。

资产阶级的第二次大起义，在加尔文教派中给自己找到了现成的战斗理论。这次起义是在英国发生的。发动者是城市中等阶级，完成者是农村地区的自耕农。很奇怪的是：在资产阶级的这三次大起义中，农民提供了战斗大军，而农民恰恰成为在胜利后由于胜利带来的经济后果而必然破产的阶级。克伦威尔之后100年，英国的自耕农几乎绝迹了。如果没有这些自耕农和城市平民，资产阶级决不会单独把斗争进行到底，决不会把查理一世送上断头台。哪怕只是为了获得那些当时已经成熟而只待采摘的资产阶级的胜利之果，也必须使革命远远超越这一目的，就像法国在1793年和德国在1848年那样。显然，这就是资产阶级社会发展的规律之一。

在这种极端的革命活动之后，接踵而至的是不可避免的反动，这个反动也同样超出它可能继续存在下去的限度。经过多次动荡以后，新的重心终于确立了，并且成了今后发展的新起点。英国历史上被体面人物称为"大叛乱"的这段辉煌时期，以及随后的斗争，以自由党历史学家誉为"光荣革命"的较为不足道的事件而告结束。

新的起点是新兴的中等阶级和以前的封建地主之间的妥协。后者在当时和现在均被称为贵族，其实早已开始向法国的路易-菲力浦在很久之后才变成的"王国第一流资产者"转变了。对英国幸运的是，旧的封建诸侯已经在蔷薇战争中自相残杀殆尽。他们的继承人虽然大部分是这些旧家族的后裔，但是离开嫡系已经很远，甚至形成了一个崭新的集团，他们的习惯和旨趣，与其说是封建的，不如说是资产阶级的。他们完全懂得金钱的价值，为了立即增加地租，竟把成百的小佃户赶走，而代之以绵羊。亨利八世贱卖教会的土地，造成一大批新的资产阶级地主；在整个17世纪不断发生的没收大采邑分赠给暴发户或半暴发户的过程，也造成了同样的结果。因此，从亨利七世以来，英国的"贵族"不但不反对发展工业生产，反而力图间接地从中获益；经常有这样一部分大地主，他们由于经济的或政治的原因，愿意同金融资产阶级和工业资产阶级的首脑人物合作。这样，1689年的妥协很容易就达成了。"俸禄和官职"这些政治上的战利品留给了大地主家庭，只不过要充分照顾金融的、工业的和商业的中等阶级的经济利益。这些经济利益，当时已经很强大，足以决定国家的一般政策。当然，在细节问题上也会有争执，但是总的说来，贵族寡头非常清楚，他们本身的经济繁荣同工商业中等阶级的经济繁荣是密不可分的。

从这时起，资产阶级就成了英国统治阶级中的卑微的但却是公认的组成部分了。在压迫国内广大劳动群众方面，它同统治阶级的其他部分有共同的利益。商人或工厂主，对自己的伙计、工人和仆役来说,是站在主人的地位,或者像不久前人们所说的那样,站在"天然尊长"的地位。他的利益是要从他们身上尽可能取得尽量多和尽量好的劳动;为此目的,就必须把他们训练得驯服顺从。他本身是信仰宗教的,他曾打着宗教的旗帜战胜了国王和贵族;不久他又发现可以用这同样的宗教来操纵他的天然下属的灵魂,使他们服从由上帝安置在他们头上的那些主人的命令。简言之,英国资产阶级这时也参与镇压"下层等级",镇压全国广大的生产者大众了,为此所用的手段之一就是宗教的影响。

还有另一种情况也助长了资产阶级的宗教倾向。这就是唯物主义在英国的兴起。这个新的学说,不仅震撼了中等阶级的宗教情感,还自称是一种只适合于世上有学问的和有教养的人们的哲学,完全不同于适合于缺乏教养的群众以及资产阶级的宗教。它随同霍布斯起而维护至高无上的王权,呼吁专制君主制镇压那个强壮而心怀恶意的小伙子,即人民。同样地,在霍布斯的后继者博林布罗克、舍夫茨别利等人那里,唯物主义的新的自然神论形式,仍然是一种贵族的秘传的学说,因此,唯物主义遭受中等阶级仇视,既是由于它是宗教的异端,也是由于它具有反资产阶级的政治联系。所以,同贵族的唯物主义和自然神论相反,过去曾经为反对斯图亚特王朝的斗争提供旗帜和战士的新教教派,继续提供了进步的中等阶级的主要战斗力量,并且至今还是"伟大的自由党"的骨干。

这时,唯物主义从英国传到法国,它在那里与另一个唯物主义哲学学派,即笛卡儿派的一个支派相遇,并与之汇合。在法国，唯物主义最初也完全是贵族的学说。但是不久，它的革命性就显露出来。法国的唯物主义者并不是只批判宗教信仰问题；他们批判了当时的每一个科学传统或政治体制；为了证明他们的学说可以普遍应用，他们选择了最简便的方法：在他们由以得名的巨著《百科全书》中，他们大胆地把这一学说应用于所有的知识对象。这样，唯物主义就以其两种形式中的这种或那种形式——公开的唯物主义或自然神论，成为法国一切有教养的青年信奉的教义。它的影响很大，在大革命爆发时，这个由英国保皇党孕育的学说，竟给予法国共和党人和恐怖主义者一面理论旗帜，并且为《人权宣言》提供了底本。

法国大革命是资产阶级的第三次起义，然而这是完全抛开宗教外衣、在毫不掩饰的政治战线上作战的首次起义；这也是真正把斗争进行到底，直到交战的一方即贵族被彻底消灭而另一方即资产阶级完全胜利的首次起义。在英国，革命以前的制度和革命以后的制度因袭相承，地主和资本家互相妥协，这表现在诉讼上仍然按前例行事，还虔诚地保留着一些封建的法律形式。在法国，革命同过去的传统完全决裂，扫清了封建制度的最后遗迹，并且在民法典中把古代罗马法——它几乎完满地反映了马克思称之为商品生产的那个经济发展阶段的法律关系——巧妙地运用于现代的资本主义条件；这种运用实在巧妙，甚至法国的这部革命的法典直到现在还是所有其他国家，包括英国在内，在改革财产法时所依据的范本。可是我们不要忘记，英吉利法一直是用野蛮的封建的语言来表达资本主义社会的经济关系，——这种语言适应它所表达的事物的情况，正像英语的拼法适应英语读音的情况一模一样（一个法国人说过：你们写的是伦敦，读出来却是君士坦丁堡）——但是，只有英吉利法把古代日耳曼自由的精华，即个人自由、地方自治以及不受任何干涉（除了法庭干涉）的独立性的精华，保存了好几个世纪，并把它们移植到美洲和各殖民地。这些东西在大陆上专制君主制时期已经消失，至今在任何地方都未能完全恢复。

还是再来谈我们的英国资产者吧。法国革命给他们一个极好的机会，能够借助大陆上的君主国家来破坏法国的海上贸易，兼并法国的殖民地，并且完全摧毁法国争霸海上的野心。这是他们要打击法国革命的原因之一。另一个原因是，这次革命的方法很不合他们的胃口。不仅是由于它采用了"可恶的"恐怖政策，而且还由于它想彻底实现资产阶级的统治。英国资产者怎么能没有本国的贵族呢？因为是贵族教他们像贵族那样待人接物，替他们开创新风气，为他们提供陆军军官以维持国内秩序，提供海军军官以夺取殖民地和新的海外市场。当然，资产阶级中也有少数进步的人，他们并没有因妥协而得到多大利益；这一部分人主要是不太富裕的中等阶级，他们同情这次革命，但是在议会中没有势力。

可见，唯物主义既然成为法国革命的信条，敬畏上帝的英国资产者就更要紧紧地抓住宗教了。难道巴黎的恐怖时代没有证明，群众一旦失去宗教本能会有什么样的结局？唯物主义越是从法国传播到邻近国家，越是得到各种类似的理论思潮，特别是德国哲学的支持，唯物主义和自由思想越是在大陆上普遍地真正成为一个有教养的人所必须具备的条件，英国的中等阶级就越是要顽固地坚守各种各样的宗教信条。这些信条可以各不相同，但全都是地道的宗教信条，基督教信条。

当革命在法国保证资产阶级赢得政治胜利的时候，在英国，瓦特、阿克莱、卡特赖特等人，发动了一场工业革命，把经济力量的重心完全转移了。资产阶级的财富，比土地贵族的财富增长得更快。在资产阶级内部，金融贵族、银行家等等，越来越被工厂主推向后台。1689年的妥协，甚至在迎合资产阶级的利益逐步作了调整以后，也不再适合这次妥协的参与者们的力量对比了。这些参与者的性质也有所改变；1830年的资产阶级，与前一个世纪的资产阶级大不相同。政治权力仍然留在贵族的手中，并被他们用来抵制新工业资产阶级的野心，这种权力已经同新的经济利益不能相容了。必须同贵族进行一次新的斗争；斗争的结局只能是新的经济力量的胜利。首先，在1830年的法国革命的刺激下，不顾一切抵抗，通过了改革法案，使资产阶级在议会中获得了公认的和强大的地位。随后，谷物法废除了，这又永远确立了资产阶级，特别是资产阶级中最活跃的部分即工厂主对土地贵族的优势。这是资产阶级的最大的胜利，然而，也是资产阶级仅仅为自己的利益获得的最后一次胜利。以后它取得任何一次胜利，都不得不同一个新的社会力量分享，这个新的社会力量起初是它的同盟者，不久就成了它的对手。

工业革命创造了一个大工业资本家的阶级，但是也创造了一个人数远远超过前者的产业工人的阶级。随着工业革命逐步波及各个工业部门，这个阶级在人数上不断增加；随着人数的增加，它的力量也增强了。这股力量早在1824年就已显露出来，当时它迫使议会勉强地废除了禁止工人结社的法律。在改革运动中，工人是改革派的激进的一翼；当1832年的法案剥夺工人的选举权的时候，他们就把自己的要求写进人民宪章，并组成一个独立的政党，即宪章派，以对抗强大的资产阶级反谷物法同盟。这是近代第一个工人政党。

后来，大陆上发生了1848年2月和3月的革命，工人在革命中起了很重要的作用，而且，至少在巴黎，提出了一些从资本主义社会的观点看来决不能允许的要求。接着而来的是普遍的反动。最初是1848年4月10日宪章派的失败；其次是同年6月巴黎工人起义被镇压；再其次是1849年意大利、匈牙利和德国南部的不幸事件；最后是1851年12月2日路易·波拿巴战胜巴黎。这样，工人阶级的声势逼人的要求，至少在短时期内被压下去了，可是付出了多少代价啊！英国资产者以前就认为必须使普通人民保持宗教情绪，在经历了这一切之后，他们对这种必要性的感觉会变得多么强烈啊！他们毫不理会大陆上的伙伴们的讥笑，年复一年地继续花费成千上万的金钱去向下层等级宣传福音；他们不满足于本国的宗教机关，还求助于当时宗教买卖的最大组织者"乔纳森大哥"，从美国输入了奋兴派，引来了穆迪和桑基之流；最后，他们接受了"救世军"的危险的帮助——"救世军"恢复了原始基督教的布道方式，把穷人看做是上帝的选民，用宗教手段反对资本主义，从而助长了原始基督教的阶级对抗因素，这总有一天会给目前为此投掷金钱的富翁带来麻烦。

这似乎是历史发展的规律：资产阶级在欧洲任何一个国家都不能像中世纪的封建贵族那样独掌政权，至少不能长期独掌政权。即使在封建制度已经完全消灭的法国，资产阶级作为一个整体完全掌握政权也只有很短的时期。在路易-菲力浦统治时期，即1830—1848年，只有一小部分资产阶级统治那个王国，大部分资产阶级则因高标准的选举资格限制而被剥夺了选举权。在第二共和国时代，即1848—1851年，整个资产阶级统治国家，但为时不过三年；资产阶级的无能使第二帝国得以产生。只有现在，在第三共和国时代，资产阶级作为一个整体才执掌政权20年以上；可是已经显露鲜明的衰落征兆了。资产阶级的长期统治，只有在像美国那样从来没有经过封建制度、社会一开始就建立在资产阶级基础之上的国家中，才是可能的。但是就连在法国和美国，资产阶级的继承者，即工人，也已经在敲门了。

在英国，资产阶级从未独掌全权。甚至1832年的胜利，也还是让土地贵族几乎独占了政府的所有要职。富裕的中等阶级何以如此恭顺，在自由党的大工厂主威·爱·福斯特先生发表那篇公开演说以前，我一直不能理解。福斯特先生在演说中敦劝布拉德福德的年轻人为自己的前程学习法语，他以他本人的经历说明，他作为一个内阁大臣出入于说法语至少和说英语同样必要的社交场合时，曾感到多么羞怯！的确，当时的英国中等阶级通常都是完全没有受过教育的暴发户，不得不把政府的高级职位让给贵族，因为那里所需要的，并不是那种夹杂着精明生意经的岛国狭隘性和岛国自大狂,而是其他一些本领。甚至目前报纸上关于中等阶级教育的无休止的争论,也表明英国中等阶级仍然认为自己不配受最好的教育,而为自己寻找某种比较谦卑的东西。所以,似乎很自然,甚至在谷物法废除以后,那些已经胜券在握的人,那些科布顿、那些布莱特、那些福斯特等等,还不能正式参与统治国家,直到20年之后,新的改革法案才为他们敞开了内阁的大门。英国的资产阶级迄今还痛切地自惭社会地位的低微,甚至自己掏腰包或用人民的金钱豢养一个装饰门面的有闲等级,好在一切庄严的场合去体面地代表民族;当资产阶级中间一旦有人被准许进入这个归根到底是他们自己造成的高等特权集团时,便引以为无上光荣。

这样,工商业的中等阶级还没有来得及把土地贵族全部逐出政权,另一个竞争者,工人阶级,已经登上舞台了。宪章运动和大陆革命以后的反动,以及1848—1866年英国贸易的空前繁荣(通常这只是被归功于自由贸易,其实更多地应归功于铁路、远洋轮船以及全部交通工具的巨大发展),又使工人阶级依附自由党了,他们在这个党内,也像在宪章运动以前那样,组成了激进的一翼。可是,工人们对选举权的要求逐渐不可遏止;在辉格党人即自由党的首领们"畏缩不前"的时候,迪斯累里却显示了自己的高明,他促使托利党人抓紧有利时机,在城镇选区中实施了户主的选举权,并且重新划分选区。随后实行了秘密投票;1884年又把户主的选举权推广到各郡,再次划分了选区,使各选区在某种程度上趋于平衡。这一切措施显然增加了工人阶级在选举中的力量，现在，至少在150—200个选区中，工人阶级已经占选民的大多数。但是议会制度是训练人们尊重传统的最好的学校；如果说，中等阶级曾经怀着敬畏的心情仰望约翰·曼纳斯勋爵所戏称的"我们的老贵族"，那么，工人群众则以尊重和恭敬的态度对待当时所谓的"优秀人物"即中等阶级。的确，大约在15年前，英国的工人是模范工人，他们对雇主谦恭有礼，在要求自己的权利时温顺克己，这使我们德国的讲坛社会主义学派的经济学家们感到安慰，他们正苦于本国的工人不可救药地倾向于共产主义和革命。

但是英国的中等阶级——毕竟是很好的生意人——比德国的教授们看得更远。他们只是迫不得已才同工人阶级分享政权。在宪章运动的年代，他们对那个强壮而心怀恶意的小伙子即人民会有什么作为已经有所领教了。从那时以来，他们被迫把人民宪章的大部分要求纳入联合王国的法律。现在比以往任何时候都更需要用精神手段去控制人民，影响群众的首要的精神手段依然是宗教。于是，在学校董事会中牧师就占优势；于是，资产阶级不断自我增税，以维持各种奋兴派，从崇礼派直到"救世军"。

现在，英国的体面人物终于战胜了大陆资产者的自由思想和对宗教的冷淡态度。法国和德国的工人已经变成了叛乱者。他们全都感染了社会主义，而且，他们在选择夺取统治权的手段时，有极充分的理由毫不考虑是否合法。这个强壮的小伙子一天比一天更加心怀恶意。法国和德国的资产阶级只好采取最后的办法，不声不响地抛弃了他们的自由思想，就像一个少年

167

公子感到晕船时，把他为了在甲板上装腔作势而叼在嘴里的雪茄烟悄悄地吐掉一样；嘲笑宗教的人，一个一个地在外表上变成了笃信宗教的人，他们毕恭毕敬地谈论教会、它的教义和仪式，甚至在必要时，自己也举行这种仪式了。法国资产者每逢星期五吃素，德国资产者每逢星期日就呆坐在教堂的椅子上，聆听新教的冗长布道。他们已经因唯物主义而遭殃。"Die Religion muss dem Volk erhalten werden"——"必须为人民保存宗教"，这是使社会不致完全毁灭的唯一的和最后的拯救手段。对他们自己来说，不幸的是：等到他们发现这一点时，他们已经用尽一切力量把宗教永远破坏了。现在轮到英国资产者来嘲笑他们了："蠢材！这个我早在200年前就可以告诉你们了！"

然而，无论英国资产者的宗教执迷，还是大陆资产者的事后皈依宗教，恐怕都阻挡不了日益高涨的无产阶级的潮流。传统是一种巨大的阻力，是历史的惯性力，但是它是消极的，所以一定要被摧毁；因此，宗教也不能永保资本主义社会的平安。如果说我们的法律的、哲学的和宗教的观念，都是一定社会内占统治地位的经济关系的近枝或远蔓，那么，这些观念终究不能抵抗因这种经济关系的完全改变所产生的影响。除非我们相信超自然的奇迹，否则，我们就必须承认，任何宗教教义都难以支撑一个摇摇欲坠的社会。

事实上，在英国，工人也重新开始活动了。无疑地，他们还拘泥于各种传统。首先是资产者的传统，例如，有一种很普遍的看法，以为只能有两个政党——保守党和自由党，而工人阶级必须依靠并通过伟大的自由党来谋取自身的解放。还有工人的传统，从工人最初尝试独立行动时所因袭下来的传统，例如，凡是没有经过正规学徒训练的工人都被许多旧工联关在门外；每一个采取这种做法的工会这样一来就等于为自己培养工贼。但是尽管如此，英国的工人阶级还是在前进，甚至布伦坦诺教授也不能不惋惜地把这一点告诉他的讲坛社会主义者同仁。工人阶级在前进，如同英国的种种事情一样，迈出的是缓慢而适度的步伐，有时踌躇不定，有时作一些没有多大效果的尝试，在前进中有时过分小心地猜疑"社会主义"这个词，却又逐渐吸收社会主义的实质；运动在扩展着，吸引了一批又一批的工人。现在它已经唤醒了伦敦东头的那些没有技术的工人，我们看到，这些新的力量反过来又给工人阶级以多么有力的推动。如果运动的步伐赶不上某些人的急躁要求，那么就请他们不要忘记：正是工人阶级保存着英国民族性格的最优秀的品质，在英国所取得的每一个进步，以后照例是永不会化为乌有的。如果说老宪章派的儿子们由于上述原因还做得不够，那么，孙子们则可望不辱没他们的祖父。

但是，欧洲工人阶级的胜利不是仅仅取决于英国。至少需要英法德三国的共同努力，才能保证胜利。在法国和德国，工人运动远远地超过了英国。在德国，工人运动的胜利甚至指日可待了。那里运动的进展在最近25年是空前的。它正以日益加快的速度前进着。如果德国的中等阶级已经表明自己非常缺乏政治才能、纪律、勇气、活力和毅力，那么，德国工人阶级则充分证明了自己具备这些品质。400年前，德国曾是欧洲中等阶级第一次起义的出发点;依目前的形势来判断,德国难道不可能又成为欧洲无产阶级夺取第一次伟大胜利的舞台吗?

弗·恩格斯

1892年4月20日

弗·恩格斯写于1892年4月20日

载于1892年在伦敦出版的《社会主义从空想到科学的发展》一书

原文是英文

中文根据《马克思恩格斯全集》英文版第27卷并参考《马克思恩格斯全集》德文版第22卷翻译

附录（五）

弗里德里希·恩格斯

（1895年9月7日[19日]以后）

一盏多么明亮的智慧之灯熄灭了，

一颗多么伟大的心停止跳动了！

*本文是列宁为悼念恩格斯而作。列宁概述了恩格斯的光辉一生，高度评价了恩格斯同马克思一起创立马克思主义理论和为无产阶级解放事业而斗争的不朽功绩，赞颂了恩格斯作为严峻的战士和严正的思想家所具有的崇高品格以及他同马克思的伟大友谊，指出马克思逝世后，恩格斯是整个文明世界中最卓越的学者和现代无产阶级的导师。

1895年新历8月5日（7月24日），弗里德里希·恩格斯在伦敦与世长辞了。在他的朋友卡尔·马克思（1883年逝世）之后，恩格斯是整个文明世界中最卓越的学者和现代无产阶级的导师。自从命运使卡尔·马克思和弗里德里希·恩格斯相遇之后，这两位朋友的毕生工作，就成了他们的共同事业。因此，要了解弗里德里希·恩格斯对无产阶级有什么贡献，就必须清楚地了解马克思的学说和活动对现代工人运动发展的意义。马克思和恩格斯最先指出，工人阶级及其要求是现代经济制度的必然产物，现代经济制度在造成资产阶级的同时，也必然造成并组织无产阶级。他们指出，能使人类摆脱现在所受的灾难的，并不是个别高尚人物善意的尝试，而是组织起来的无产阶级所进行的阶级斗争。马克思和恩格斯在他们的科学著作中，最先说明了社会主义不是幻想家的臆造，而是现代社会生产力发展的最终目标和必然结果。到现在为止的全部有记载的历史都是阶级斗争的历史，都是不断更替地由一些社会阶级统治和战胜另一些社会阶级的历史。这种情形，在阶级斗争和阶级统治的基础，即私有制和混乱的社会生产消灭以前，将会继续下去。无产阶级的利益要求消灭这种基础，所以有组织的工人自觉进行的阶级斗争，目标就应该对准这种基础。而任何阶级斗争都是政治斗争。

　　马克思和恩格斯的这些观点，现在已为正在争取自己解放的全体无产阶级所领会，但是当这两位朋友在40年代参加社会主义的宣传和当时的社会运动时，这样的见解还是完全新的东西。当时许多有才能的或无才能的人，正直的或不正直的人，都醉心于争取政治自由的斗争，醉心于反对皇帝、警察和神父的专横暴戾的斗争，而看不见资产阶级利益同无产阶级利益的对立。他们根本没有想到工人能成为独立的社会力量。另一方面，当时有许多幻想家，有时甚至是一些天才人物，都以为只要说服统治者和统治阶级相信现代社会制度是不合理的，就很容易在世界上确立和平和普遍福利。他们幻想不经过斗争就实现社会主义。最后，几乎当时所有的社会主义者和工人阶级的朋友，都认为无产阶级只是一个脓疮，他们怀着恐惧的心情看着这个脓疮如何随着工业的发展而扩大。因此，他们都设法阻止工业和无产阶级的发展，阻止"历史车轮"的前进。与这种害怕无产阶级发展的普遍心理相反，马克思和恩格斯把自己的全部希望寄托在无产阶级的不断增长上。无产者人数愈多，他们这一革命阶级的力量也就愈大，社会主义的实现也就愈是接近，愈有可能。马克思和恩格斯对工人阶级的功绩，可以这样简单地来表达：他们教会了工人阶级自我认识和自我意识，用科学代替了幻想。

正因为如此，恩格斯的名字和生平，是每个工人都应该知道的。正因为如此，我们在这本与我们其他一切出版物一样都是以唤醒俄国工人的阶级自我意识为目的的文集中，应该简要地叙述一下现代无产阶级两位伟大导师之一弗里德里希·恩格斯的生平和活动。

恩格斯1820年出生于普鲁士王国莱茵省的巴门城。父亲是个工厂主。1838年，由于家庭情况，恩格斯中学还没有毕业，就不得不到不来梅一家商号去当办事员。从事商业并没有妨碍恩格斯对科学和政治的研究。当他还是中学生的时候，就憎恶专制制度和官吏的专横。对哲学的钻研，使他更前进了。当时在德国哲学界占统治地位的是黑格尔学说，于是恩格斯也成了黑格尔的信徒。黑格尔本人虽然崇拜普鲁士专制国家，他以柏林大学教授的身份为这个国家服务，但是黑格尔的学说是革命的。黑格尔对于人类理性和人类权利的信念，以及他的哲学的基本原理——世界是不断变化着发展着的过程，使这位柏林哲学家的那些不愿与现实调和的学生得出了一种想法，即认为同现状、同现存的不公平现象、同流行罪恶进行的斗争，也是基于世界永恒发展规律的。既然一切都是发展着的，既然一些制度不断被另一些制度所代替，那么为什么普鲁士国王或俄国沙皇的专制制度，极少数人靠剥夺绝大多数人发财致富的现象，资产阶级对人民的统治，却会永远延续下去呢？黑格尔的哲学谈论精神和观念的发展，它是唯心主义的哲学。它从精神的发展中推演出自然界、人以及人与人的关系即社会关系的发展。马克思和恩格斯保留了黑格尔关于永恒的发展过程的思想，而抛弃了那种偏执的唯心主义观点；他们面向实际生活之后看到，不能用精神的发展来解释自然界的发展，恰恰相反，要从自然界，从物质中找到对精神的解释……与黑格尔和其他黑格尔主义者相反，马克思和恩格斯是唯物主义者。他们用唯物主义观点观察世界和人类，看出一切自然现象都有物质原因作基础，同样，人类社会的发展也是受物质力量即生产力的发展所制约的。生产力的发展决定人们在生产人类必需的产品时彼此所发生的关系。用这种关系才能解释社会生活中的一切现象，人的意向、观念和法律。生产力的发展造成了以私有制为基础的社会关系，但是我们现在看到，生产力的发展又夺走了大多数人的财产，将它集中在极少数人的手中。生产力的发展正在消灭私有制，即现代社会制度的基础，这种发展本身就是朝着社会主义者所抱定的那个目标前进的。社会主义者就是要了解，究竟哪种社会力量因其在现代社会中所处的地位而关心社会主义的实现，并使这种力量意识到它的利益和历史使命。这种力量就是无产阶级。恩格斯是在英国，是在英国工业中心曼彻斯特结识无产阶级的；1842年他迁到这里，在他父亲与人合办的一家商号中供职。在这里，他并不是只坐在工厂的办事处里，他常常到工人栖身的肮脏的住宅区去，亲眼看见工人贫穷困苦的情景。但是，他并不满足于亲身的观察，他还阅读了他所能找得到的在他以前论述英国工人阶级状况的一切著作，仔细研究了他所能看到的一切官方文件。这种研究和观察的成果，就是1845年出版的《英国工人阶级状况》一书。上面我们已经提到作为《英国工人阶级状况》一书的作者恩格斯的主要功绩。在恩格斯以前有很多人描写过无产阶级的痛苦，并且一再提到必须帮助无产阶级。恩格斯第一个指出，无产阶级不只是一个受苦的阶级，正是它所处的那种低贱的经济地位，无可遏止地推动它前进，迫使它去争取本身的最终解放。而战斗中的无产阶级是能够自己帮助自己的。工人阶级的政治运动必然会使工人认识到，除了社会主义，他们没有别的出路。另一方面，社会主义只有成为工人阶级的政治斗争的目标时，才会成为一种力量。这就是恩格斯论英国工人阶级状况的一书的基本思想。现在，这些思想已为全体能思考的和正在进行斗争的无产阶级所领会，但在当时却完全是新的。叙述这些思想的著作写得很动人，通篇都是描述英国无产阶级穷苦状况的最确实最惊人的情景。这部著作是对资本主义和资产阶级的极严厉的控

175

诉。它给人的印象是很深的。从此，到处都有人援引恩格斯的这部著作，认为它是对现代无产阶级状况的最好描述。的确，不论在1845年以前或以后，还没有一本书把工人阶级的穷苦状况描述得这么鲜明，这么真实。

恩格斯到英国后才成为社会主义者。他在曼彻斯特同当时英国工人运动的活动家发生联系，并开始在英国社会主义出版物上发表文章。1844年他在回德国的途中路过巴黎时认识了马克思，在此以前他已经和马克思通过信。马克思在巴黎时，受到法国社会主义者和法国生活的影响也成了社会主义者。在这里，两位朋友合写了一本书：《神圣家族，或对批判的批判所做的批判》。这本书比《英国工人阶级状况》早一年出版，大部分是马克思写的。它奠定了革命唯物主义的社会主义的基础，这种社会主义的主要思想，我们在上面已经叙述过了。"神圣家族"是给哲学家鲍威尔兄弟及其信徒所取的绰号。这班先生鼓吹一种批判，这种批判超越一切现实、超越政党和政治，否认一切实践活动，而只是"批判地"静观周围世界和其中所发生的事情。鲍威尔先生们高傲地把无产阶级说成是一群没有批判头脑的人。马克思和恩格斯坚决反对这个荒谬而有害的思潮。为了现实的人，即为了受统治阶级和国家践踏的工人，他们要求的不是静观，而是为实现美好的社会制度而斗争。在他们看来，能够进行这种斗争和关心这种斗争的力量当然是无产阶级。还在《神圣家族》一书出版以前，恩格斯就在马克思和卢格两人合编的《德法杂志》上发表了《政治经济学批判大纲》一文，从社会主义的观点考察了现代经济制度的基本现象，认为那些现象是私有制统治的必然结果。同恩格斯的交往显然促使马克思下决心去研究政治经济学，而马克思的著作使这门科学发生了真正的革命。

1845年到1847年，恩格斯是在布鲁塞尔和巴黎度过的，他一面从事科学研究，同时又在布鲁塞尔和巴黎的德籍工人中间进行实际工作。这时，马克思和恩格斯同秘密的德国"共产主义者同盟"发生了联系，"同盟"委托他们把他们所制定的社会主义基本原理阐述出来。这样就产生了1848年出版的马克思和恩格斯的著名的《共产党宣言》。这本书篇幅不多，价值却相当于多部巨著：它的精神至今还鼓舞着、推动着文明世界全体有组织的正在进行斗争的无产阶级。

1848年的革命首先在法国爆发，然后蔓延到西欧其他国家，于是马克思和恩格斯就回国了。他们在莱茵普鲁士主编在科隆出版的民主派的《新莱茵报》。这两位朋友成了莱茵普鲁士所有革命民主意向的灵魂。他们尽一切可能保卫人民和自由的利益，使之不受反动势力的侵害。大家知道，当时反动势力获得了胜利。《新莱茵报》被迫停刊，马克思因侨居国外时丧失普鲁士国籍而被驱逐出境，而恩格斯则参加了人民武装起义，在三次战斗中为自由而战，在起义者失败后经瑞士逃往伦敦。

马克思也迁居伦敦。恩格斯不久又到他在40年代服务过的那家曼彻斯特商号去当办事员，后来又成了这家商号的股东。1870年以前他住在曼彻斯特，马克思住在伦敦，但这并没有妨碍他们保持最密切的精神上的联系；他们差不多每天都通

177

信。这两位朋友在通信中交换意见和知识,继续共同创立科学社会主义。1870年恩格斯移居伦敦,直到1883年马克思逝世时为止,他们两人始终过着充满紧张工作的共同精神生活。这种共同的精神生活的成果,在马克思方面,是当代最伟大的政治经济学著作《资本论》,在恩格斯方面,是许多大大小小的作品。马克思致力于分析资本主义经济的复杂现象。恩格斯则在笔调明快、往往是论战性的著作中,根据马克思的唯物主义历史观和经济理论,阐明最一般的科学问题,以及过去和现在的各种现象。从恩格斯的这些著作中,我们举出下面几种:反对杜林的论战性著作(它分析了哲学、自然科学和社会科学中最重大的问题),《家庭、私有制和国家的起源》(俄译本1895年圣彼得堡第3版),《路德维希·费尔巴哈》(俄译本附有格·普列汉诺夫的注释,1892年日内瓦版),一篇论俄国政府对外政策的文章(俄译文刊登在日内瓦出版的《社会民主党人》第1集和第2集上),几篇关于住宅问题的精彩文章,以及两篇篇幅虽小,但价值极大的论述俄国经济发展的文章(《弗里德里希·恩格斯论俄国》,维·伊·查苏利奇的俄译本,1894年日内瓦版)。马克思还没有把他那部论述资本的巨著整理完毕就逝世了。可是,这部著作的草稿已经完成,于是恩格斯在他的朋友逝世后就从事整理和出版《资本论》第2卷和第3卷的艰巨工作。1885年他出版了第2卷,1894年出版了第3卷(他没有来得及把第4卷整理好)。整理这两卷《资本论》,是一件很费力的工作。奥地利社会民主党人阿德勒说得很对:恩格斯出版《资本论》第2卷和第3卷,就是替他的天才朋友建立了一座庄严宏伟的纪念碑，无意中也把自己的名字不可磨灭地铭刻在上面了。的确，这两卷《资本论》是马克思和恩格斯两人的著作。古老传说中有各种非常动人的友谊故事。欧洲无产阶级可以说，它的科学是由这两位学者和战士创造的，他们的关系超过了古人关于人类友谊的一切最动人的传说。恩格斯总是把自己放在马克思之后，总的说来这是十分公正的。他在写给一位老朋友的信中说："马克思在世的时候，我拉第二小提琴。"他对在世时的马克思无限热爱，对死后的马克思无限敬仰。这位严峻的战士和严正的思想家，具有一颗深情挚爱的心。

1848—1849年的运动以后，马克思和恩格斯在流亡中并没有只限于从事科学工作。马克思在1864年创立了"国际工人协会"，并在整整十年内领导了这个协会。恩格斯也积极地参加了该会的工作。"国际工人协会"依照马克思的意思联合全世界的无产者，它的活动对工人运动的发展起了巨大作用。就是在70年代"国际工人协会"解散后，马克思和恩格斯所起的团结的作用也没有停止。相反，他们作为工人运动精神领导者所起的作用，可以说是不断增长的，因为工人运动本身也在不断发展。马克思逝世以后，恩格斯一个人继续担任欧洲社会党人的顾问和领导者。无论是受政府迫害但力量仍然不断迅速增长的德国社会党人，或者是落后国家内那些还需仔细考虑斟酌其初步行动的社会党人，如西班牙、罗马尼亚和俄国的社会党人，都同样向恩格斯征求意见，请求指示。他们都从年老恩格斯的知识和经验的丰富宝库中得到教益。

马克思和恩格斯两人都懂俄文，都读俄文书籍，非常关心俄国的情况，以同情的态度注视俄国的革命运动，并一直同俄国的革命者保持联系。他们两人都是由民主主义者变成社会主义者的，所以他们仇恨政治专横的民主情感非常强烈。由于马克思和恩格斯具有这种直接的政治情感、对政治专横与经济压迫之间的联系的深刻理论认识以及丰富的生活经验，所以他们在政治方面异常敏感。因此，俄国少数革命者所进行的反对强大的沙皇政府的英勇斗争，总是得到这两位久经锻炼的革命家最表同情的反响。相反，那种为了虚幻的经济利益而离开争取政治自由这一俄国社会党人最直接最重要的任务的图谋，在他们看来自然是可疑的，他们甚至直截了当地认为这是背叛伟大的社会革命事业。"无产阶级的解放应当是无产阶级自己的事情"——这就是马克思和恩格斯经常教导的。而无产阶级要争取经济上的解放，就必须争得一定的政治权利。此外，马克思和恩格斯都清楚地看到，俄国政治革命对于西欧的工人运动也会有巨大的意义。专制的俄国向来是欧洲一切反动势力的堡垒。1870年的战争造成了德法之间长期的纷争，使俄国处于一种非常有利的国际地位，这当然只是增加了专制俄国这一反动力量的作用。只有自由的俄国，即既不需要压迫波兰人、芬兰人、德意志人、亚美尼亚人及其他弱小民族，也不需要经常挑拨德法两国关系的俄国，才能使现代欧洲摆脱战争负担而松一口气，才能削弱欧洲的一切反动势力，加强欧洲工人阶级的力量。因此，恩格斯为了西欧工人运动的胜利，也渴望俄国实现政治自由。俄国的革命者因恩格斯的逝世而失去了最好的朋友。

无产阶级的伟大战士和导师弗里德里希·恩格斯永垂不朽！

本文选自《列宁全集》第2版第2卷